ARQUITECTOS A ESCENA
ESCENOGRAFÍAS Y MONTAJES DE EXPOSICIÓN EN LOS 90

ARCHITECTS ON STAGE
STAGE AND EXHIBITION DESIGN IN THE 90'S

Editorial Gustavo Gili, SA

08029 Barcelona   Rosselló, 87-89. Tel. 93 322 81 61
México, Naucalpan 53050   Valle de Bravo, 21. Tel. 560 60 11

Diseño de la cubierta/**Cover design**: Estudi Coma
Maqueta/**Layout**: Toni Cabré/ Editorial Gustavo Gili, SA
Traducción al inglés/**English Translation**: Graham Thomson

© Editorial Gustavo Gili, SA. Barcelona 2000

Printed in Spain
ISBN: 84-252-1742-3
Depósito legal: B. 287-2000
Fotomecánica: Scan Gou
Impresión: Grafos SA, Arte sobre papel

ARQUITECTOS A ESCENA
ESCENOGRAFÍAS Y MONTAJES DE EXPOSICIÓN EN LOS 90

ARCHITECTS ON STAGE
STAGE AND EXHIBITION DESIGN IN THE 90'S

PEDRO AZARA / CARLES GURI

INTRODUCCIONES DE PEDRO AZARA Y JOAN ROIG
INTRODUCTIONS BY PEDRO AZARA AND JOAN ROIG

GG®

Pedro Azara

Skenè pás o bíos (La vida es una escena).
Antiguo refrán griego

Introducción: definición de escenografía

Aunque las palabras, a diferencia de las imágenes —que carecen de relieve—, no engañen y sean, como decían los antiguos, arcaicas y directas revelaciones de una verdad que sólo se manifiesta por medio del verbo de los hombres —de los creadores—, la definición moderna —precisa, neutra y científica— del término 'escenografía' que el diccionario de la Real Academia Española propone no puede dejar de sorprender. Nos llama la atención, nos interpela, como si quisiera hacernos llegar un mensaje desconocido hasta ahora y, sin embargo, real y verdadero, como todo lo que el verbo expresa.

En efecto, aun cuando el término 'escenografía' se refiere a un arte, o a un arte aplicado, posee dos significados que parecen no tener nada que ver entre sí. Según la primera definición —la menos común, curiosamente—, la 'escenografía' es la "delineación en perspectiva de un objeto, en la que se representan todas aquellas superficies que se pueden descubrir desde un punto de vista determinado". Dibujo en perspectiva que practican o han practicado los pintores y arquitectos cuando tratan de reproducir, con todos los medios gráficos a su alcance y lo más fielmente posible, tanto la realidad exterior como las escenas que idean su imaginación o su inventiva.

El diccionario propone una segunda definición de 'escenografía', presentándola, en este caso, como una técnica que no requiere la precisión y el cuidado del dibujo lineal. En efecto, la escenografía cambia de registro y se traslada del arte del arquitecto y del delineante al del titiritero, convirtiéndose en el "arte de proyectar o realizar decoraciones escénicas", esto es, pinturas de gran tamaño realizadas sobre los telones que se utilizan en el teatro para crear un marco verista —distinto y separado del espacio cotidiano— en el que los actores, que simulan ser personajes de ficción, se desplazan sin problemas.

Es como si este ámbito acotado que los acoge tuviese su propia identidad —deslindado del mundo de los humanos pero, al mismo tiempo, unido a él por la boca del escenario abierta de par en par, boquiabierta, como la de un espectador entusiasmado o la de un pregonero—.

¿Por qué la escenografía tiene que ver a la vez con la *'firmitas'* —solidez, consistencia y seguridad—, con tectónica de la arquitectura —lo que, de entrada, sorprende— y, lógicamente, con la ligereza de las bambalinas y los entoldados? ¿Qué significa y qué implica esta relación bifronte? ¿Qué nos dice el término acerca de los mundos de la escenografía y de la arquitectura? ¿Son el teatro y la arquitectura artes cuyos campos de acción se cruzan o se superponen? ¿Será que el trabajo y la misión del arquitecto se confunden con los del escenógrafo?

Una exploración del contexto lexicográfico de la palabra 'escenografía' puede informarnos acerca del valor y el sentido del arte de la escena tanto en la antigüedad como en la actualidad.

La escena: luces y sombras

El término griego *'skenographia'* tenía que ver, en sus orígenes, únicamente con el teatro o, más precisamente, con la dramaturgia —el texto—. Se refería a un relato dramático, esto es, redactado para ser dramatizado, representado mediante palabras y gestos (*'drama'*, en griego, significaba "acción" en general y "acción teatral", en particular: un *drama* era una imitación de hombres en acción, según Aristóteles).

A la vez, la palabra *'skenographia'* se empleaba para nombrar el tradicional telón de fondo pintado situado sobre la escena de un teatro, lo que hoy llamaríamos propiamente 'escenografía'. Esta palabra alude, por tanto, a todas las imágenes visuales que acompañan la interpretación de un

Pedro Azara

Σκενε πασ ο βιοσ (Life is a stage).
Greek proverb

Introduction: definition of stage design

Even if words —unlike images, which have no relief— do not deceive and are, as the ancients declared, archaic and direct revelations of a truth that only manifests itself in the speech of human beings, of creators, the modern definition —precise, neutral and scientific— of the term *scenography* given by Webster's Dictionary is none the less surprising. It calls our attention, it makes an appeal to us, as if it were trying to pass on some message that is unfamiliar to us and yet real and true in spite of that, like everything that words express.

The fact is that even when the term *scenography* refers to an art, or an applied art, it has two meanings which seem to have no immediate connection with one another. According to the first definition —curiously, the less widely used of the two— *scenography* is 'the art of representing objects in accordance with the rules of perspective'. It is, then, a perspective drawing as produced by painters and architects when they set out to reproduce, as faithfully as possible, with all of the graphic resources at their disposal, both external reality and the scenes created by their imagination or invention.

The dictionary then goes on to offer a second definition of *scenography*, glossing it in this case as a technique which does not require the precision and the care of line drawing. *Scenography* undergoes a change of register here, and moves from the realm of the architect and the draughtsman to that of the puppeteer to become scene painting. The dictionary defines this as scene painting; in other words, large-format paintings on the backcloths used in the theatre to create a realistic setting —distinct and separate from the space of everyday life— in which the actors, in their roles as fictional characters, can move about freely. It is almost as if this clearly delimited setting which accommodates the dramatic action had an identity of its own, set apart from the world of human beings but at the same time connected to it by the proscenium arch of the stage mouth, wide open like the mouth of an enthralled spectator or a huckster in full flow. Why should scenography be associated with both *firmitas*, with solidity, strength and security and the tectonics of architecture —which is at first sight surprising— and, logically, with the lightness of drops and awnings? What does this two-pronged relationship mean, what does it imply? What does the term tell us about the world of stage design and the world of architecture. Are theatre and architecture then arts whose fields of action overlap or intersect one another? Could it be that the work and the vocation of the architect are tied up with those of the stage designer? An examination of the lexicographic context of the word *scenography* may throw some light on the status and the meaning of the art of stage design in antiquity and in the present.

The stage: lights and shadows

The Greek term *skenographia* was originally applied exclusively to the theatre, and more precisely to dramaturgy, to the dramatic text itself. It referred to a dramatic account, something written in order to be staged, performed with words and gestures (drama, in Greek, meant 'action' in general, and 'stage action' in particular. According to Aristotle, the *drama* was an imitation of men in action). At the same time, the word *skenographia* was used for the traditional painted backcloth on the stage of the theatre; what we would now call *scenography* as such. The word therefore extends to all of the visual images that accompany the performance of a text or the presentation and exhibition of works of art. The former constitute the traditional theatrical scenography; the latter, the expository or exhibition scenography so much in vogue today.

texto o la presentación y exposición de obras de arte. Las primeras constituyen la tradicional escenografía teatral; las segundas, la escenografía expositiva o de exposiciones, tan en boga hoy día.

Fijémonos en muchas de las antiguas cerámicas suritálicas o "italiotas" —*italiota*: una palabra técnica, tosca y malsonante, casi peyorativa, que denota bien el carácter mestizo, impuro y vitalista de estas vasijas abarrocadas realizadas en las tumultuosas colonias portuarias del sur de Italia, lejos de la canónica y contenida Grecia— decoradas con escenas del bullanguero teatro callejero —actores de comedia bufa que gesticulan, grotescamente disfrazados con máscaras, postizos y túnicas—. Descubriremos que los personajes parecen agitarse sobre una tarima de madera torpemente montada en medio del ágora, al igual que hoy día los escenarios de cuatro duros que los cómicos ambulantes colocan en la plaza mayor durante las fiestas patronales. El ágora era, en este caso, el espacio "común" o "comunal" donde se desarrollaban las "comedias" con las que culminaban las fiestas "ciudadanas" —todas estas palabras tienen una misma raíz, lo que denota el carácter público y participativo de la fiesta y el teatro—. Lo que ocurría en la plaza griega no era muy distinto de lo que acontece en la española. La plaza mayor, si se cierran las calles que desembocan en ella, también se convierte en un espacio perfectamente delimitado que acoge los actos festivos, la lidia de vaquillas o los carnavales.

Así pues, la escena originaria o tradicional estaba compuesta por tablones de madera desbastada montados y clavados sobre unos sencillos caballetes. Esta tarima soportaba un humilde *atrezzo* compuesto por unas telas colgadas al viento y unas modestas construcciones de madera.

Para ser más precisos, se trataba de unos decorados planos de madera que imitaban toscamente columnas, frontones y "otros elementos regios" en las representaciones trágicas. Dichos decorados reproducían edificios privados, balcones y montañas cuando la obra representada era cómica.

De la misma manera, si lo que se representaba era una obra satírica, la escenografía se llenaba de "árboles, cuevas, montañas y otras características propias del campo que imitan paisajes", tal como afirmaba Vitrubio. En definitiva, la escena tradicional estaba compuesta por unas bambalinas que simulaban un templo, un palacio, una ciudad o el mundo natural.

Los pobres decorados, que apenas se sostenían en pie gracias a unas pocas vigas de madera unidas apresuradamente, tenían un aspecto frágil y primitivo que recordaba una construcción infantil que un golpe de viento, un gesto declamatorio o una palabra pronunciada con demasiada intensidad podrían echar abajo en cualquier momento.

Una bambalina —que podía representar un santuario de Apolo, situado en lo alto de una colina, el augusto palacio de Agamenón o el de Hércules, cerca de un puerto— ante la cual los actores se disponían para interpretar el texto, se denomina *'skene'* en griego antiguo. *'Skene'* significaba "escena", ciertamente, pero también nombraba a toda modesta y primitiva construcción de madera: una cabaña, un cobertizo, una caseta con armazón de troncos sin desbastar cubierta con paramentos realizados con ramas y hojas de árbol, cañas, telas o pieles; o una tienda de campaña como las que los ejércitos aqueos montaron en las playas de Troya o en las llanuras en tiempos de guerra.

Así pues, una *skene* evoca de inmediato un techo protector. Bajo la *skene* se está a cubierto. La *skene* constituye un mundo aparte, íntimo y recoleto. Sugiere o recrea el hogar, vuelto sobre sí mismo, cerrado al espacio exterior que desde el interior de la *skene* se intuye inhóspito y agresivo y, por tanto, inquietante. En la escena, donde no tienen cabida las inclemencias físicas y psíquicas que azotan al exterior, el hombre se siente libre y a gusto y, en ocasiones, ofrece fiestas.

Este escenario es un espacio comedido, hecho a medida del ocupante, un envoltorio seguro y transitable, de límites visibles y conocidos. Se trata de un microcosmos donde los hombres, desde tiempos inmemoriales, pueden vivir, sentir y expresarse lejos del mundo que podríamos calificar de real, esto es, bárbaro: en efecto, nada tiene que ver el espacio plácido de la *skene* con las gélidas estepas del norte donde moran homínidos deformes, o con los desiertos abrasadores del Sur y de Oriente

Cerámica del sur de Italia con una escena de comedia, siglo IV a. C. Lípari, Museo Eoliano.

Piece of pottery from Southern Italy representing a comic scene, fourth century B.C., Lipari, Museo Eoliano.

Let us consider for a moment the ancient Italiot ceramics of Southern Italy. Italiot is a scholarly word with a rather clumsy, unattractive sound, almost pejorative, which captures very well the cross-bred, impure, vitalistic character of the exuberantly stylized pottery produced in the tumultuous seaport colonies of the south of Italy, far from contained, canonical Greece. These Italiot ceramics are decorated with scenes of riotous street theatre, with wildly gesticulating comic players grotesquely decked out in masks, wigs and tunics. Here we find the burlesque actors posturing on a makeshift wooden platform, hurriedly set up in the middle of the *agora*, just like the clowns and travelling players of today, who put on their humble show in the main square during the annual celebrations in honour of the patron saint of the town or village. The agora was, in the Hellenic world, the common or communal space in which troupes of players performed the comedies which were the culmination of citizens' festivities, and here we see clearly the public and participative nature of festive celebration and theatrical performance. What took place in the ancient Greek agora was not very different from what takes places in the plazas and piazzas of the Mediterranean countries today. The main square is readily transformed, by closing off the streets that run into it, into a perfectly delimited space for the celebration of festive events, bull-running or carnivals.

Thus the original or traditional stage was constructed of boards of dressed timber, quickly nailed into place on top of ordinary trestles. This platform supported a simple *attrezzo* consisting of backcloths and a few modest wooden constructions. More specifically, in the case of the set for a tragedy, these were wooden flats painted to represent columns, pediments and 'other regal elements'. For the performance of a comedy they might represent buildings, balconies or mountains, while the stage sets for a satire would include, according to Vitruvius, 'trees, caves, mountains and other characteristics of the countryside in imitation of landscapes'. In other words, the traditional stage set used painted backdrops and flats to simulate a temple, a palace, a city or the natural world.

These poor sets, with their few hastily nailed-together timber battens barely capable of maintaining them upright, had the fragile, primitive look of something constructed by a child, which a gust of wind, an over-dramatic gesture or a speech delivered too loud might knock over at any moment. The backcloth —painted to depict the sanctuary of Apollo on the summit of a hill, the august palace of Agamemnon or of Heracles or a harbour, in front of which the actors positioned themselves to perform the text— was known as σκενε in ancient Greek. Of course *skene* meant stage, but it could also mean a tent such as the ones pitched on shore or plain in time of war by the Achaean armies, or a humble shelter constructed of wood: a shack, an outhouse or a cabin with a framework of unsmoothed trunks covered with branches and leaves, canes, skins or cloth. The word *skene* thus immediately suggests a protective roof, something that gives shelter. The stage is a world apart, private and secluded. As such it invokes or recreates the home, turned in on itself, closed to the exterior, which from the inside seems inhospitable, disturbing, perhaps threatening. On the stage, where there is no place for the physical and psychological turmoil of the outside world, people feel free and at ease, and may well celebrate by giving a party. This scenario or setting is a complaisant space, made to measure for its occupant, a secure and permeable skin whose limits are visible and known. It is a kind of microcosm in which people have, since time immemorial, lived and expressed themselves, protected from what we might call the barbarity of the real world; the *skene* has, in effect, little or nothing to do with the frozen steppes of the North, inhabited by misshapen hominids, or with the burning deserts of the South and East, where travellers —and even gods such as Attis and Dionysus— can so easily lose their way. Such is the fate of those who journey across the high plateaus of Turkey, swept by the howling winds whipped up by the chariot of the goddess Cybele, wanderers condemned to roam amid trackless swamps and dunes of shifting sand until they go mad. Outside of the *skene* the

Dibujos de la decoración de una cerámica del sur de Italia con una escena de comedia, siglo IV a. C.

Drawings of the decoration of a piece of pottery from southern Italy representing a comic scene, fourth century B.C.

plagados de alimañas, donde los viajeros —e incluso dioses como Atis o Dionisio— terminan por perder el rumbo. Así pasa con quienes atraviesan los altiplanos de Turquía —barridos por el viento ululante que levanta el carro de la diosa Cibeles— que, desorientados entre marismas inabarcables o dunas de arena ondulante, enloquecen. En el exterior de la *skene* la tierra se pierde en la lejanía, como si el mundo fuera infinito, esto es, maligno: para los griegos —que se inquietaban si no podían abarcar con la mirada los confines de su mundo y que temían todo lo que no se distinguía a simple vista— todo lo que rebasaba la humana comprensión pertenecía al "maligno", como las tierras lejanas por donde erraban los desterrados, chivos expiatorios expulsados del hogar.

La escena no era un lugar vacío, dejado de la mano de los dioses. No era nunca de noche en su interior. La intimidad de la escena, iluminada por la luz incierta y fantasmagórica del hogar o de una vela, aparecía como un reducto cálido y armónico bajo la bóveda cerúlea que protegía y resaltaba lo que encerraba. Ponía de relieve a los seres y a los enseres que acogía y que estaban envueltos amorosamente por la luz, a diferencia de lo que acontecía en el exterior, donde las cosas se disolvían en la lejanía. El mundo de la escena no era un duplicado, una repetición inútil, vana, susceptible de ser confundida con el mundo exterior. Por el contrario, obedecía —y obedece— a unas reglas propias y estrictas, que son las reglas con las que se da forma a las obras de arte.

Un cobertizo no está hecho para durar eternamente. Suple la ausencia de una firme y verdadera construcción, de un hogar duradero. Se monta un barracón cuando se está a la espera de que el edificio definitivo cubra aguas. Las casetas suelen disponerse en los terrenos donde se obra o en los campos de refugiados, esto es, en las ciudades en ruinas. Sin embargo, siempre se confía en que los barracones no serán para siempre. Así pues, son como casas en miniatura, casas primigenias, modélicas: son el origen de la casa, de la arquitectura; la casa materna, la casa de Adán, según la feliz expresión con la que Ryckwert bautizó la mítica cabaña originaria con la que han soñado los hombres de todos los tiempos.

Una *skene* es una obra efímera que sólo existe y tiene validez mientras se mantiene en un estado de excepción —después de una catástrofe, como una guerra o un cataclismo natural, por ejemplo—. La *skene* pertenece a un tiempo que está en suspenso —entre períodos de normalidad y estabilidad— cuando las leyes y las costumbres vigentes se suspenden. El orden antiguo ha quedado abolido, toda vez que el nuevo —y habitual— no ha llegado todavía. En el interregno (quizá es mejor utilizar la palabra "paréntesis"), manda el mundo de la escena, un acontecimiento que trastoca las costumbres —al igual que el tiempo de la fiesta o de la ceremonia, cuando la vida cotidiana queda anulada, alterada y renovada por un día festivo, tan singular, corto y vital como una representación teatral—. Entonces, una *skene* es una obra excepcional —una excepción a lo que regula la vida diaria—, singular. Tiene el atractivo de lo que es original, situado fuera de las normas habituales. ¡Cuántos niños —que los niños son los que primero juegan, imitan, representan— no han suplicado a los padres que les dejen dormir por una noche, una noche tan sólo, en una tienda de campaña o una cabaña, cuanto más primitiva mejor, plantada fuera, al fondo del oscuro jardín, o anidada en un árbol frondoso. Allí, por unas horas, los niños, al igual que los primitivos o los supervivientes de un desastre, tienen que inventar nuevos modos de comportamiento, puesto que la vida debe ser siempre regulada —sin reglas no hay fiesta ni teatro, sino tan sólo la monótona y estéril repetición del desorden que pronto se agota— siguiendo nuevos edictos válidos sólo en el campo acotado de la *skene*.

Como en todo lugar inexplorado, el niño o el primitivo, al igual que el actor en el escenario, debe adaptarse a su nuevo ámbito y amoldarse a él, descubriéndolo poco a poco, inventando y probando distintas pautas de comportamiento. A la mañana siguiente, vivida y superada la aventura, la prueba, como después de un rito de iniciación —un rito de pubertad—, pasadas las primeras horas de excitación que el reloj no mide, ya en su espacio habitual, el joven permanece quieto por unos días, transformado y renovado, recordando quizá una noche mágica e irrepetible, una noche en la

Mosaico romano con escena de comedia, siglo I d. C., Nápoles, Museo Archeológico Nazionale.
Fresco pompeyano con decoración de bambalinas, siglo I d. C.

Roman mosaic representing a comic scene, first century A.D., Naples, Museo Archeologico Nazionale.
Pompeian fresco with décor of theatre backdrops, first century A.D.

earth vanishes into the distance, as if the world were infinite; that is to say, malign. For the Greeks —who felt uneasy if they could not take in with the eye the confines of their world, and feared whatever could not be distinguished at a glance— anything that went beyond human comprehension was associated with the 'malign', like the distant lands where those who had been banished wandered, scapegoats cast out from their home.

The stage was not some empty, godforsaken site. It was never dark in there. The intimate quality of the stage, illuminated by the flickering, phantasmagorical light of fire or candle, was that of a welcoming refuge of warmth and harmony beneath the vault of the heavens, which sheltered and gave emphasis to all that was contained within it. It focused attention on the people and objects it took in, amorously enveloping them in light, in contrast to the conditions which prevailed outside, where things dissolved themselves in the distance. The world of the stage was far from being a duplicate, a vain and useless repetition, liable to be confused with the world outside. Instead it answered —and answers— to its own strict rules, which are the rules that govern the form of the work of art.

A shack is not built to endure forever. It stands in for a proper construction with firm foundations, a lasting home. People put up huts when the definitive building is still without a roof. The hut and the shack tend to belong to the construction site and the field, or to the refugee camp and the town in ruins, where it is hoped that they are a purely temporary solution. They are, then, houses in miniature; primitive, model houses: they are the origins of the house, of architecture; the maternal home, Adam's house, in the felicitous expression with which Ryckwert referred to the mythical primeval cabin found in the imaginary of all peoples and all times.

A *skene* is an ephemeral work which exists and is valid only for the duration of some state of emergency, such as the aftermath of a catastrophe —a war or a natural disaster, for example. The *skene* belongs to a time that is suspended, between two periods of normality and stability, when established laws and customs cease to apply. The old order has been overturned, while the new or restored order has not yet installed itself. During this parenthesis the realm of the stage holds sway, an exceptional situation that sweeps away custom and convention in much the same way that periods of festivity or celebration do, when ordinary, everyday life is supplanted, transformed and made new by a holiday, as exceptional, as brief and as vital as the performance of a play. The *skene* is thus a singular and exceptional work, an exception to the patterns of everyday life. It has all the attraction of what is original and outside of the conventional norms. There cannot be many children who have never beseeched their parents to be allowed to spend the night —just one night!— in a tent or a hut, the more primitive the better, at the bottom of the dark garden, or under some leafy tree. There, for a few hours, the child —like the first humans, or the survivors of a disaster, has to invent new modes of behaviour— because life must be regulated at all times: without rules there can be no party and no theatre, only the sterile repetition of a disorder that quickly loses its charm —on the basis of new edicts, only valid within the space of the *skene*. And here, as in any unexplored territory, the actors on the stage —like the child or the 'primitive'— have to adapt to a new environment and mould themselves to it, slowly but surely bringing it to light, devising and testing out different responses and behaviours. The following morning, having lived through the adventure, the trial, as if after some rite of initiation —a rite of puberty— and after those first few hours of excitement whose duration no clock can measure have passed, the boy or girl, back once again in their accustomed space, will probably be quiet for a few days, somehow changed and renewed, remembering perhaps a magical, unrepeatable night, their night in the *skene* —the *skene* being the scenario specific to the party, given that parties are held where there is a feeling of confidence. Indeed *skenao* meant 'to hold a party' in a tent (the equivalent nowadays would be a marquee) put up especially for the short period of time —a few hours or a few days— of the celebration.

skene —la *skene* es el escenario propio de la fiesta, puesto que las fiestas se celebran si hay confianza—. 'Skenao' significaba "festejar", "dar una fiesta" en una tienda de campaña (hoy diríamos en una carpa o un entoldado) montada especialmente por un corto período de tiempo, durante los días de fiesta.

La *skene* tenía el encanto y la fuerza de las cosas frágiles, efímeras y fugitivas, como un perfume, un color o una forma entrevista, que son los fenómenos que más impresionan a los hombres.

La experiencia del mundo de la escena era —y es aún hoy día— inciática.

Sin embargo, algunos autores antiguos, como Platón, no emplearon nunca la palabra *skenographia* sino *skiagraphia* para designar el arte de impresiones fugaces. *Skiagraphia* significaba casi lo mismo que *skenographia*. Eran sinónimos propios del vocabulario artístico. 'Skenographia' se podría traducir por "representación o pintura en perspectiva" y 'skiagraphia' por "representación o pintura sombreada o en claroscuro". Ambos términos denominaban artes o técnicas artísticas que trataban de ofrecer una ilusión de realidad sobre una superficie bidimensional, cada una con sus propios medios. No obstante, la *skiagraphia* aportaba nuevos e interesantes matices a lo que implicaba la escenografía, a la vez que abría nuevas perspectivas al mundo o al trasmundo del teatro y a toda plasmación sensible e ilusoria del mundo.

Según el filólogo Chantraine, 'skene' vendría de —o estaría emparentada con— 'skia', otra palabra del griego antiguo que significaba "sombra" (de una persona o de un objeto).

La íntima relación entre la pintura —llena de color— y la sombra —que podría parecer el gris anverso de lo que la pintura, pletórica de color, representa— no es nueva ni extraña. En verdad, se halla en el origen mismo del arte. El autor romano Plinio transcribió una anécdota antigua que ha gozado de mucha fortuna y que aparece en diversos tratados de arte posteriores, como *Della Pittura* del renacentista florentino León Battista Alberti. Según cuenta la leyenda, una noche, la hija de un ceramista griego, queriendo preservar un recuerdo imborrable de su amado que al alba partía a la guerra, y a fin de tenerlo para siempre cerca de sí, mandó que resiguieran el contorno de la sombra del perfil de su amado que la vacilante luz de una antorcha proyectaba casualmente sobre el muro de la estancia. Su padre, al día siguiente, modeló un doble del rostro del joven a partir de su huella. Fue el primer retrato, la primera imagen. Había nacido no sólo el arte pictórico sino también el género del retrato.

La leyenda no hacía sino interpretar en clave poética lo que había acontecido en la realidad. Las primeras pinturas que los hombres realizaron estaban compuestas por diminutas siluetas planas y ennegrecidas de seres vivos —hombres y mujeres de Oriente bailando extasiados, en los albores de la historia, alrededor de un tosco edificio de madera y animales—. Los hombres también empezaron a siluetear la pálida huella de sus manos sobre los muros cubiertos de hollín de las húmedas cavernas. Era una manera de dejar un testimonio visible y reconocible de su presencia en el mundo, como si, mediante la imposición de las manos sobre el mundo, se proyectaran hacia éste o tomaran posesión de él.

La anécdota que Plinio contaba no es irrelevante, pues revela la complejidad de la escenografía, el arte de las sombras (chinescas). En el célebre mito de la caverna, Platón narraba la suerte de unos seres, indistinguibles de los humanos, que malvivían inmovilizados —encadenados— desde su nacimiento en lo hondo de una caverna subterránea, como si este estado de permanente postración, esta vida vegetativa —esto es, enteramente terrenal, prosaica, sin aspiraciones espirituales o trascendentes—, semejante a la vida de las plantas o de las lapas, metidas en su concha y pegadas a una roca, fuera su condición natural, la condición humana. No podían girar la cabeza —ni se les había ocurrido girarla— para ver qué sucedía a sus espaldas. En efecto, detrás de ellos, unos titiriteros, escondidos tras un murete, daban vida a unas marionetas. La lumbre de un poderoso y cegador hogar semejante al sol, situada en el fondo de la cueva, proyectaba la sombra de los títeres sobre la pantalla de la pared rocosa, ante los ojos maravillados de los prisioneros para quienes estas sombras, lo único

The *skene* had all the charm and the power of what is fragile, ephemeral and fleeting, like a perfume, a colour or a barely glimpsed form, these being the phenomena which make the greatest impression on our senses. The experience of the world of the stage was —and is still today— initiatory.

We should note, however, that certain classical writers, such as Plato, used the word *skiagraphé* rather than *skenographé* to denote the art of fleeting impressions. *Skiagraphé* meant almost the same as *skenographé*; the two being virtually synonymous terms from the vocabulary of the arts. *Skenographé* might be translated as 'representation or painting in perspective', and *skiagraphé* as 'representation or painting with shading or chiaroscuro'. Both terms described arts or artistic techniques which sought to create an illusion of three-dimensional reality on a two-dimensional surface, each one in its own way. Nevertheless, *skiagraphé* contributed new and interesting elements to scenography or stage design, while at the same time opening up new perspectives on the world, or on the 'world apart' of the theatre and the illusionistic representation of tangible reality. According to the philologist Chantraine, *skene* is derived from —or related to— another ancient Greek word, *skia*, which meant 'shadow' (of a person or an object).

The intimate relationship between painting —with its abundance of colour— and shadow —which might seem no more than the grey obverse of what is represented by painting and its rich colours is neither new nor paradoxical. In fact, the relationship dates from the very origins of art. The Roman writer Pliny recorded an ancient and widely circulated legend, which has since been repeated in many subsequent treatises on art, notably in *Della Pittura* by the Renaissance Florentine humanist Leon Battista Alberti. According to this legend, the daughter of a Greek ceramist wished to keep some lasting image of her beloved, who was due to set off for the wars the following morning. She therefore traced the shadow of the young man's profile cast on the wall by the flickering torch light, and the next day her father modelled her a likeness of the young man from the silhouette on the wall. This was the first image, the first portrait, and marked the birth not only of pictorial art but of the portrait as a genre.

The legend is evidently a poetic interpretation of the real origins of painting. The first created images were small, blackened silhouettes of living things, depicting men and women dancing ecstatically, at the first dawning of history, around a rough edifice of wood, and animals. People also started to outline the shape of their hands on the smoke-blackened walls of caves. This was a way of leaving some visible and recognizable testimony of their presence in the world; as if, by impressing their handprints on the world, they were somehow projecting themselves onto it or taking possession of it.

The legend recounted by Pliny is not without its relevance here, in that it reflects the complexity of scenography, the art of (Chinese) shadows. In the celebrated myth or allegory of the cave, Plato describes the situation of beings who have been imprisoned all their lives in the depths of an underground cave, bound and tied in a state of permanent prostration, as if this vegetative existence —entirely earthly, prosaic, with no aspirations of a spiritual or transcendental nature, no better than the life of a plant or a limpet stuck inside its shell on the side of a rock— were their natural condition, the human condition. Their bonds made it impossible for them to turn their heads —it had never even occurred to them to try— to see what was behind them. In fact, behind their backs, concealed by a low wall, were puppeteers, and beyond these a blazing fire, the light from which cast the shadows of the puppets onto the rocky wall of the cave. To the marvelling eyes of the prisoners, these shadows were the world, the only thing they had ever seen, which to them seemed not two-dimensional and dark but lively, animated and vocal. The shadow figures silhouetted on the rocks not only moved, but seemed to speak; the sounds were in fact produced by the voices of the puppeteers echoing off the cave walls. And the echo, like the reflection that fascinated Narcissus, is evanescent and essentially insignificant. Plato duly elucidates

que conocían, constituían su mundo, que en absoluto les parecía plano y oscurecido. Antes bien, lo encontraban animado y lleno de voces. Las figuras recortadas en sombra sobre las rocas no sólo se movían, sino que parecían hablar; era el eco cavernoso de la voz de los animadores que rebotaba sobre el muro. Y el eco, como los reflejos en el agua que fascinaban a Narciso, es evanescente, insignificante. Platón aclaraba, por si quedaba alguna duda, que la caverna era la Tierra, y los encadenados de nacimiento, nosotros, los humanos, tan opuestos y distantes de los dioses.

Ya Píndaro había anotado que los hombres eran el sueño de una sombra. La vida era sueño, "no era más que una sombra andante, un pobre actor que se agita durante una hora en escena", según Shakespeare. Duraba lo que una función de teatro. En los sueños, la realidad de la vigilia se desencarna. En los sueños de un sueño, que son las imágenes escenográficas del mundo visible, las formas se disuelven en humo, si bien mantienen una apariencia de realidad. Mantienen el tipo —o el *typos*, otro término del griego antiguo que significaba la huella o la imagen de algo real y corpóreo—.

La *skia*, la sombra, sugería, pues, un mundo "en apariencia" real, pero "en verdad" inaprehensible. Antes bien, el universo de las sombras —la escenografía— es pura apariencia, un vano juego de luces y colores que, de lejos, evocan la presencia de seres y enseres inexistentes e irreales. La escenografía se reduce, o se resume, a una simple fachada. Parece como si no fuera más que un modesto telón de fondo pintado en trampantojo, cubierto de figuras apenas abocetadas para engañar al ojo —'*skia*' es también un "boceto", un "apunte"— haciéndole ver formas que no tienen cuerpo ni volumen, como en una alucinación, un trance hipnótico o de locura, como decía Sexto Empírico, o un espejismo —espejismo poblado, como todos, de brillantes escenas fantásticas que no pueden tocarse nunca y cuya existencia, por tanto, es indemostrable, toda vez que se muestra siempre a distancia. Lo que se escenifica en el teatro se mira de lejos pero no se toca, no se puede tocar —'teatro' viene del verbo griego '*theaomai*' que significa "mirar"—. Al igual que se contaban un sinfín de anécdotas sobre los poderes engañosos de la pintura realista o ilusionista —reyes perdidamente enamorados de la dama en un cuadro, cuando sabían que se trataba de una imagen; adivinos que leían el porvenir en las líneas de un retrato—, también se sabía que los telones de fondo pintados daban lugar a confusiones.

Plinio hace referencia a la gran admiración que despertó un decorado que representaba una casa sobre cuyas tejas unos cuervos, engañados por la ilusión, trataron una y otra vez de posarse, en la época en que se celebraban unos juegos organizados por Claudio Pulcher, hace dos mil años. La *skia* es, por tanto, un plano, un decorado tras el cual no existe fondo ni trasfondo. Las sombras son chatas, se arrastran inertes, pegadas al suelo o adosadas a las paredes, como los transgresores y los criminales que cargan con algo oscuro que deben esconder —un pasado que no puede salir a la luz—.

La negra *skia* no presenta ni expone nada, tan sólo el vacío. La sombra es como un agujero negro sin fondo que ensombrece la realidad, el abismo en el que se hunde y se echa a perder la realidad. Los escritores de novelas góticas del siglo XIX solían narrar las desventuras (y el terror) de quienes perdían su sombra o, por el contrario, de quienes se enfrentaban a la rebelión de su sombra cuando ésta cobraba libertad y derecho de ciudadanía. Era como si las pesadillas, los malos presagios de Platón, se hubieran hecho realidad. En efecto, una sombra siempre está unida a un cuerpo. Éste la conserva siempre alrededor suyo, sobre un plano o sobre otro cuerpo. La sombra no se concibe sin un ser iluminado que le dé a luz. El cuerpo es lo primero, es primero con respecto a su sombra, que aparece como una forma segunda, una realidad secundaria. El perfil de ésta, así como su posición, son mudables, inconstantes. Varían en función del lugar del cuerpo en relación a la fuente de luz y de la intensidad de ésta. Las sombras a veces se alargan desmesuradamente, como si quisieran desaparecer detrás del horizonte cuando cae la noche de estío, como en las solitarias —o metafísicas— plazas italianas pintadas por De Chirico, o menguan hasta convertirse en un charco de tinta china que

the allegory, identifying —in case there should be any doubt— the cave with the world and the life-long prisoners with unenlightened humanity, so distant and so different from the gods. Even before Plato, Pindar had observed that we humans are the shadow of a dream. Life is a dream, 'a walking shadow, a poor player / That struts and frets his hour upon the stage,' according to Shakespeare's Hamlet, and its duration no more than the brief length of a play. In dreams, waking reality is disembodied; and in the dream of a dream, which is what the scenographic image of the visible world amounts to, forms dissolve into smoke, even if they maintain some appearance of reality. They retain the type or *tupos*, another term from ancient Greek, which meant the figure or impression of something real and tangible.

The *skia*, the shadow, thus suggested a world that although 'apparently' real was in actual fact impossible to apprehend. Indeed, the realm of shadows —stage design— is pure appearance, a superficial play of lights and colours that, seen from a distance, contrives to evoke the presence of non-existent, unreal persons and objects. Stage design can be reduced to or summed up as a simple facade. It appears to be nothing more than a humble backdrop, painted in *trompe l'oeil*, covered with vaguely sketched shapes intended to deceive the eye —*skia* can also mean a sketch or a note— and make us see forms that have no volume or body, as in a hallucination, a hypnotic trance or the transports of insanity, in the words of Sixtus Empiricus, or a mirage: a mirage that consists, as mirages tend to do, of brilliant fantastic scenes that can never be touched and whose existence it is therefore impossible to prove, seen as they always are at a distance. What is staged in the theatre may be looked at from a proper distance, but not touched: the word 'theatre' comes from the Greek verb *theaomai*, 'to behold'. Just as there have been countless stories concerning the powers of deception possessed by realist or illusionist painting (the king who is hopelessly enamoured with the lady in a picture, even though he knows full well she is only an image; the sage who can read the future in the lines of a portrait), these painted backdrops have also sowed some confusion. Pliny tells us of the great wonder aroused at the time of the games organized by the Emperor Claudius, almost two thousand years ago, by a backcloth depicting a house: so realistic was this image that a flock of crows, deceived by the illusion, attempted time and again to land on its roof.

The *skia* is, then, a plane, a flat with no depth, with nothing behind it. Shadows are flat, inert, they are dragged along the ground and propped against walls, like transgressors or criminals, carrying some dark burden they must keep hidden from sight —a past that cannot be exposed to the light of day.

The *skia* neither presents nor exhibits anything but the empty void. Shadow is like a bottomless black hole that casts its sombre presence over reality; it is the abyss into which reality sinks and loses itself. Among the Gothic novels of the 19th century we find a number of accounts of the tribulations (and the terrors) of individuals who lose their shadow, or have to cope with the rebellion of a shadow that claims the right to freedom and a life of its own. It is almost as if our nightmares, or Plato's dire portents, had become reality. The fact is that a shadow is always connected to a body, which always keeps it by its side, on some plane surface or some other body. A shadow is inconceivable without some lit body that brings it into being. The body is the first thing; it comes first with respect to the shadow, which appears as a second form, a secondary reality, the outline of which is, like its position, mutable and inconstant, varying in accordance with the place of the body in relation to the source and intensity of the light. Shadows are at times enormously lengthened, as if they were trying to disappear over the horizon, as they do in the summer twilight in the lonely —or metaphysical— Italian squares painted by De Chirico, and at times foreshortened to become a puddle of black ink seeping from under the soles of a pair of patent-leather shoes, as in the evocative description in Hans Christian Andersen's story 'The Shadow'.

mana de la suela de unos zapatos de charol, según una sugerente descripción de Andersen en el cuento *La sombra*.

Estamos de lleno en el mundo inaprehensible, invisible de la noche y del sueño. De noche los contornos se difuminan y se pierden. Los volúmenes desaparecen o se volatilizan en la oscuridad —como el sonriente gato de Cheshire que ronroneaba perezosamente sobre la rama de un árbol de cuento— o en el mundo de los sueños —el doble del mundo real— que el espejo genera y protege tras el frío cristal. Como entes desencarnados o descorporeizados, las sombras aparecen, se deforman —convertidas en un reguero oscuro, en un hilillo sombrío unido como una culpa a los seres, o en una mancha que cubre, ensucia y divide la tierra— y desaparecen. Crecen y decrecen como si estuvieran vivas. Se deshinchan y se desvanecen como si estuvieran henchidas de aire o de humo: fuegos fatuos, cortinas de humo que distraen y nos apartan de la senda verdadera, como Platón denunció una y otra vez. Las sombras ensombrecen a los cuerpos que las han proyectado —o planeado—. Al mediodía, bajo un sol "de justicia", cuando el astro rey, ojo gigantesco y omnipotente, lo divisa todo claramente desde lo alto —incluso los recovecos más recónditos—, las sombras se empequeñecen y se retiran. Sólo se muestran y crecen a medida que la luz diurna declina.

El mundo de las sombras, como todos los espectáculos compuestos de luces, sombras y espejos —teatro, marionetas, cine—, pide que se apague la luz para poder mostrarse y salir a la luz. En efecto, el teatro —con sus escenas iluminadas, luminosas— sólo puede apreciarse si el espectador está totalmente a oscuras, como en una caverna. Es un arte que se practica a oscuras, casi a escondidas, como si lo que se creara no pudiera ser contemplado a plena luz. Y así, en cuanto se encienden las lámparas de araña que cuelgan del techo pintado de la platea, la magia desaparece —magia a la que la escenografía está unida, pues forma parte de los trucos que los magos y los titiriteros emplean como por arte de magia—.

Hasta hace bien poco, la mayoría de los pensadores (filósofos y teólogos jansenistas o platónicos) sostenían que el mundo del teatro, fascinante e ilusorio, estaba siempre plagado de luces y sombras que constituían peligrosas tentaciones para el alma. Pues las sombras son como auténticos fantasmas —fantasmas, en el sentido original, y no sólo en el moderno y coloquial de la palabra: apariciones o fenómenos extraordinarios—. En efecto, la palabra 'fantasma' viene de *'phantasma'* —"aparición, sueño, espectro o fantasma, imagen sin consistencia, imagen en general"—, la cual, a su vez deriva del verbo *'faino'* que, en griego, significaba "brillar o deslumbrar", esto es, cegar, que es lo mismo que oscurecer o sumir en la penumbra: en efecto, los términos contrarios, en este caso, 'alumbrar' y 'cegar' —como, por ejemplo, el día y la noche que se funden en la noche oscura en la que se hunde el alma del místico cuando sale de sí misma y aspira a la luz— acaban equiparándose y confundiéndose.

Las sombras evocan —y llaman— a los espectros: *'skia'* también aludía al "alma inconsistente de los muertos", su sombra. La noche, cuando se sueña, recuerda a la muerte que llega cuando la luz se apaga por última vez. De noche reinaba Hipno, el hipnótico y fascinante dios griego del sueño, hermano sombrío de Tánato (la Muerte), capaz de adoptar cualquier forma con tal de hacer creer al hombre en la existencia de los seres que se le aparecen en sueños. Las mujeres muertas eran siempre bellas durmientes cuyos frágiles rasgos de porcelana, como los de un autómata —imagen del doble engañoso que simula estar vivo cuando no es más que un ingenioso montaje mecánico de ruedas dentadas—, eran todavía más hermosos y más gélidos, si cabe, que en vida.

Las sombras, en fin, se asemejan a los emisarios fantasmagóricos —irreales e inquietantes, maravillosos y fantásticos— de otros mundos: el mundo de la fantasía desabrida, suelta y descontrolada, libre de las ataduras y de las exigencias de la realidad plena, y el mundo de la noche sin luna, que es cuando las referencias se pierden y las cosas se nos hacen inaprehensibles; se trata de dos mundos que duplican, en clave nocturna y sarcástica, el mesurado mundo de la luz. Los fantasmas salen de (la) noche, como extraídos de su seno, y se disipan cuando despunta el día. Se diría que los fantasmas están hechos de

Sebastiano Serlio, escenografía para comedia segun el tratado de Vitrubio, grabado del libro *Archittetura*, libro II.

Sebastiano Serlio, theatre set for a comedy, according to Vitruvius' treatise, engraving from Book II of *Archittetura*.

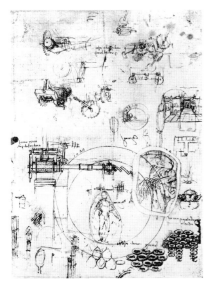

We are immersed here in the indefinable, invisible world of night and dream. In the night, outlines are blurred, are all but lost. Volumes disappear or are spirited away in the darkness, like a grinning Cheshire cat purring lazily on the branch of a story-book tree, or in the world of dreams, that double of the real world which the mirror generates and guards behind its cold glass. Like some disembodied being, a shadow appears, shifts and deforms to become a dark streak, a sombre thread bound fast to us like guilt, or a stain that covers, darkens and divides the earth —and vanishes. It can grow and dwindle as if it were alive, deflating and collapsing into nothing as if it were full of air or smoke: a will-o'-the-wisp, a smoke-screen that bewilders us and causes us to stray from the true path, as Plato warned on more than occasion. The shadows engulf the bodies that cast them. At midday, under a merciless sun, the orb of heaven, a gigantic and omnipotent eye that picks out everything in precise detail from on high, even the most recondite nooks and crannies, the shadows shrink and withdraw into themselves. They only reappear and grow once more when the light of day declines.

The world of shadows, like every spectacle composed of lights, shadows and mirrors —a play, a puppet show, a film— asks that the lights be turned down before revealing itself to the eye. And, in effect, the theatre —with its illuminated, luminous scenes— can only be appreciated if the spectator is really in the dark, as if in a cavern. It is an art that is practised in the dark, almost secretive, furtive, as if what is to be created may not be looked on in ordinary light. As a result, when the chandeliers suspended from the painted ceiling of the theatre are lit, the magic vanishes —a magic with which stage design is closely associated, since it is part of the repertoire of devices or artifices used by magicians and puppeteers to weave their illusions.

Until not very long ago, the majority of thinkers (Jansenist or Platonist philosophers and theologians) considered that the world of the theatre, fascinating and illusory, was always a fabrication of lights and shadows which constituted a genuinely dangerous temptation for the soul. Because shadows are like true phantoms; phantoms in the original sense, and not only in the modern, colloquial sense of the word: apparitions or extraordinary phenomena. In fact, the word *phantom* derives from *phantasm*: apparition, dream, spectre or phantasm, an image without substance, an image in general; and *phantasm*, in its turn, derives from the Greek *phaino*, meaning to show or perhaps to shine. In other words, to dazzle or to blind, which comes to the same thing as to darken or to cover in shade. The fact is that ostensibly opposite terms —in this case, to illuminate and to blind— come in the end to equate and to fuse with one another, just as day and night are fused in the dark night of the spirit, in which the soul of the mystic leaves its earthly body and is lifted up aspiring towards the light.

Shadows evoke —and invoke— spectres: *skia* could also refer to the insubstantial soul of the dead, that is to say, their shade. Night, with its dreams, invites comparison with death; death which comes when the light goes out for the last time. At night, Hypnos reined, the hypnotic and fascinating Greek god of sleep, the shadowy brother of Thanatos, or Death. Hypnos could assume different forms at will in order to make people believe in the existence of the beings that appeared to them in dreams. Thus dead women were always sleeping beauties whose features, as fragile as porcelain, like those of an automaton —those doubly deceiving images which simulate life when in fact they are no more than ingenious mechanical assemblages of cogs and springs— were even more beautiful in frozen death than they had been in life.

Shadows are, then, in many ways comparable to phantasmagorical emissaries —unreal and disturbing, wonderful and fantastical— from other worlds: the realm of unrestrained fantasy, loose and unchecked, free of the bonds and the demands of objective reality, and the realm of moonless night, as the time when our references and bearings fade away and things become elusive, hard to apprehend. These are two worlds which recreate in a nocturnal and sarcastic key the measured world of light. Phantoms are born of night, and vanish into air at the break of day. They are said

noche o de pesadillas enfebrecidas, con la misma sustancia neblinosa y evanescente que puebla la noche y los temores nocturnos.

La escenografía: arte revelador

Cuenta Vitrubio, en una célebre y larga cita de su tratado *De Arquitectura* (libro VII, prefacio), que la *skenographia* era una ingeniosa invención griega estrechamente unida al teatro, atribuida a Agatarco (*ca.* 460-420 a. C.), un pintor y tratadista desconocido hoy día, al que se atribuye un texto sobre el que fue su descubrimiento decisivo. Según Vitrubio, en el teatro está el origen del arte o, al menos, de la pintura de las sombras. Y éstas fueron las que crearon el marco adecuado entre cuyos lindes se escenificó y se organizó el mundo espejeado del teatro.

Escribe Vitrubio:
"Fue Agatarco quien, por vez primera, mientras Esquilo hacía representar en Atenas sus tragedias, pintó los decorados *(scaenam fecit)*, y de ello nos ha dejado un tratado. Aleccionados por ello, Demócrito y Anaxágoras escribieron sobre el mismo tema; sentando la doctrina de cómo, marcando un centro en un lugar señalado, es preciso que las líneas respondan según una ley natural a la dirección de la vista y a la propagación de los rayos, para que unas imágenes determinadas de una cosa indeterminada *(de incerta re certae imagines)* representen en las decoraciones de un escenario *(in scaenarum picturis)* el aspecto *(speciem)* de edificios, y que objetos que están pintados sobre planos parezcan alejarse en unos sitios y aproximarse en otros".

Pocas citas sobre arte han dado pie a tantas y tan complejas interpretaciones. El texto en latín es confuso y ambiguo. Ocurre que hoy día no podemos leerlo sin estar condicionados por nuestros conocimientos sobre la historia del arte posterior. Cuando Vitrubio escribía sobre la necesidad de que las líneas de la composición se adecuasen a la vista, ¿no estaría describiendo acaso una pintura en perspectiva, los contornos de las caras laterales de cuyas figuras convergen hacia un único punto de fuga situado en el cuadro a la altura del punto de vista, tal como han pensado algunos estudiosos modernos? En realidad, no se puede saber a ciencia cierta.

Pero, lo que es seguro es que Vitrubio definía la escenografía como una pintura o un decorado pintado que podía incluir elementos arquitectónicos. Éstos debían aparecer tanto en las partes laterales y superior del telón, dibujando un marco arquitectónico barroco, como en el centro de la composición. Tenían que ser contemplados desde cierta distancia para que las formas representadas —como, por ejemplo, las construcciones arquitectónicas con máscaras grotescas que sustituían las claves, semejantes, posiblemente, a las que se reproducían en los frescos del segundo y del cuarto estilos pompeyanos—, pudieran ser plena y nítidamente reconocidas y apreciadas; pues, miradas de cerca, acostumbraban a presentar un carácter confuso.

De entrada, la observación de Vitrubio encierra una paradoja, como bien ha observado Rouveret:[1] la escenografía es el arte de reproducir claramente, esto es, de manera cierta (el adjetivo latino *'certus'* —que se puede traducir por "fijado", "determinado", "preciso", "seguro"— venía del verbo *'cerno'*, que significaba "discernir, reconocer claramente con los sentidos, especialmente con la vista, a la vez que con la inteligencia"), lo confuso o ambiguo (lo incierto). Por tanto, el pintor de decorados escenográficos se esforzaba por traducir o reflejar en una representación convincente, reconocible, aquello que no percibía o distinguía con precisión porque estaba fuera del alcance de los ojos físicos. Era como si tratara de plasmar en un lienzo una visión interior o un espejismo, esto es, formas imprecisas, evanescentes.

En efecto, lo que se valora o se aprecia en la pintura escenográfica no es la reproducción fiel de cada una de las caras del volumen por medio de proyecciones ortogonales, de su esencia o de su realidad, como lo habría hecho un hipotético escenógrafo del Egipto faraónico, sino tan sólo de su apariencia.

to be made of night or of feverish nightmares, fashioned from the same nebulous and evanescent vapour that pervades the nocturnal hours and their attendant fears.

Scenography: a revealing art

Vitruvius tells us, in a celebrated passage in his treatise on architecture (in the preface to Book VII), that the *skenographia* was an ingenious Greek invention associated with the theatre and attributed to the painter and writer Agatharcus (ca. 460-420 BC), of whom virtually nothing is known today, who is also credited with having written a text on the definitive discovery of the new medium. According to Vitruvius, the theatre is the origin of the pictorial arts, or at least of shadow painting, and it was this which created the appropriate frame inside of which the mirror world of the drama was organized and staged.

Vitruvius wrote:

It was Agatharcus who for the first time, while Aeschylus was putting on his tragedies in Athens, painted the sets (*scaenam fecit*), and who has left us a treatise on the subject. Prompted by this example, Democritus and Anaxagoras wrote on the same theme, laying down the doctrine of how in marking a centre in a certain place it was necessary for the lines to correspond according to a natural law to the direction of sight and the propagation of the rays, in order that certain images of an uncertain thing (*de incerta re certae imagines*) should represent in the decorations of a stage (*in scaenarum picturis*) the appearance (*speciem*) of buildings, and that objects painted on plane surfaces should seem to be further away in some places and closer in others.

Few commentaries on art have given rise to so many and such complex interpretations. The Latin text is confused and ambiguous. The fact is that it is impossible for us today to read it without being conditioned by our knowledge of the subsequent history of art. When Vitruvius wrote that it was necessary for the lines of the composition to correspond to the direction of sight, was he not perhaps describing the effect of perspective, with the contours of the lateral faces of the painted figures converging towards a single vanishing point situated at eye level, as a number of modern scholars have thought? Conjecture aside, it is impossible to be completely certain.

What is sure, however, is that Vitruvius defined scenography or stage design as consisting of a painting or a painted set which might include architectural elements. These could appear at the sides and on the upper part of the backdrop, constituting a baroque architectonic frame, or in the centre of the composition. In addition, they had to be viewed from a certain distance for the forms represented —such as, for example, architectural constructions with grotesque masks in place of keys, perhaps similar to the ones reproduced in the frescoes of the second and third Pompeiian styles— to be fully and clearly recognized and appreciated. When regarded from too close, they tended to present a confused and confusing appearance.

What is more, Vitruvius' observations here contain a paradox, as Rouveret has pointed out.[1] Scenography is the art of reproducing clearly and in a straightforward manner (the Latin adjective *certus* —which can be translated as certain, sure, safe, fixed— is derived from the verb *cernere*, meaning to discern, to recognize clearly with the senses, especially the sense of sight, and with the intelligence) what is confused or ambiguous (the uncertain). Consequently, the painter of scenographic sets was engaged in translating or reflecting in a convincing and recognizable fashion something that could not be perceived or distinguished with any precision because it was beyond the scope of the physical eye. It was, in effect, a question of giving form on the canvas to an inner vision or an illusion; in other words, to imprecise and evanescent forms. The fact is that what we look for and appreciate in the art of scenography or set painting is not the faithful reproduction of each of the faces of a three-dimensional volume by means of

El escenógrafo, al igual que el dramaturgo, como sostenía Aristóteles, pretende y debe realizar una composición verosímil, no verdadera. Pinta lo que ve, sin preocuparse de si su visión se adecúa a la forma real, esto es, al juego de los distintos volúmenes o elementos que conforman el objeto percibido, con independencia del juego de luces y sombras y del volumen de aire azulado que se interpone entre el ojo y el objeto. El artista busca producir en el espectador, gracias a toda una serie de procedimientos compositivos y pictóricos, una impresión de realidad, de volumen. Para lograr dicho efecto, el pintor tiene que tener en cuenta, en primera instancia, el punto de vista de los espectadores, sentados en el centro de las gradas a cierta distancia del telón, a fin de siluetear las formas y calcular la distribución de las luces y las sombras. A continuación recurre a su arte para modelar los objetos representados: y así, crea una ilusión convincente de volumen gracias al recurso efectista del claroscuro —una aplicación sabia y calculada de luces y sombras— y al empleo de pequeñas pinceladas sueltas y yuxtapuestas, saturadas de colores puros, semejantes a las que utilizaron los pintores puntillistas 2.500 años más tarde, como observa Rouveret.

Al comentar el conjunto de la obra pictórica de Apolodoro de Atenas —uno de los pintores griegos posteriores a Agatarco, quien se hizo célebre, precisamente, por el empleo virtuosista de la *eskigraphia*—, Plinio afirmaba que los grandes cuadros de la pintura escenográfica buscaban únicamente seducir o retener la mirada del público. En verdad, estas obras, cuya razón de ser consistía en que fueran contempladas desde cierta distancia, eran un puro espectáculo. Lo único que buscaban era educar y complacer la mirada del público, llenarle los ojos de escenas deslumbrantes, esto es, deslumbrarlos —existe en francés una expresión muy adecuada: *"en mettre plein la vue"*. Porque estas pinturas no debían ser vistas de cerca si se quería que las pinceladas sueltas armonizasen y se uniesen, llenando las formas sin que éstas pareciesen deformes ni fragmentadas. En cuanto el espectador avanzaba, el encanto, la ilusión de realidad, se desvanecía. Se descubría el truco. Las formas no tenían cuerpo: consistían en líneas y manchas distribuidas sobre un plano.

La escenografía se preocupaba únicamente de la *species*, como bien decía Vitrubio anteriormente. *'Species'* es un sustantivo latino que se puede traducir por "aspecto exterior" o "apariencia" o "semblante", esto es, la cara o el rostro de la realidad, faz que guarda cierto parecido y relación con lo que muestra —si es que la cara es el espejo del alma, o si el hábito (el traje, la máscara, con la que la persona se arropa a la vez que se muestra) hace al monje—.

'Species' también significa "aparición", "fantasma", con toda la carga de nocturnidad que estos términos acarrean. *'Species'* viene del verbo *'specio'* —cuyo participio, *'spectum'*, está asociado al verbo latino *'specto'*, "mirar, contemplar"—, lo que ha derivado modernamente en términos como 'espejo' —y 'espejismo'—, 'espectáculo', 'espectador' y 'espectro', palabras que hacen referencia a realidades que forman parte del mundo de la visión, así como de las visiones, es decir, el maravilloso mundo que puebla el espejo o se asoma —o puede ser visto— en él: mundo inaprehensible —las formas se diluyen o se fragmentan en manchas inconexas de luces y colores cuando uno se acerca—, insustancial, irreal sin duda. Engañoso y condenable, porque sólo se dirige a los sentidos —la vista—, siguiendo la concepción que Platón tenía de la realidad, según la cual, en principio, lo sustancial o esencial, que era luz —como la que irradiaba de los ojos o de la sonrisa luminosa de los dioses, según sostenía el neoplatónico renacentista Ficino— no podía estar encerrado o contaminado por sustancia material alguna. Por este motivo, puede sorprender que Vitrubio escribiera —en un capítulo distinto al anteriormente citado, pero igualmente complejo— lo siguiente:

[...] la Arquitectura se compone de orden, que los griegos llaman *'taxis'*; de disposición, a la que dan el nombre de *'diatesis'*; de *'euritmia'* o 'proporción' (simetría, decoro) y de 'distribución', que en griego se denomina *'oikonomia'* (economía) [...].

"La disposición es el arreglo conveniente de todas las partes, de suerte que, colocadas según la calidad de cada una, formen un conjunto elegante. Las especies de disposición, llamadas en griego *'ideas'*,

orthogonal projections, not the reproduction of its essence or its reality, such as the hypothetical set painters of Pharaonic Egypt would have given us, but simply its appearance. The scenographer or set painter was expected to produce —as Aristotle held it was the function of the dramatist to do— a composition that was plausible but not factually true. He set out to paint what he saw, without troubling himself as to whether his vision corresponded exactly to the real form, to the play of the various volumes or elements which made up the perceived object, irrespective of the play of light and shade and the volume of blue air which intervened between the eye and the object. The artist sought to produce in the spectator, by means of a whole series of compositional and pictorial procedures, an impression of reality, of volume. In order to achieve this effect, the painter would have to take into account right from the outset the point of view of the spectators, sitting in the middle of the tiers of seats at a certain distance from the curtain or backdrop, so as to ensure that the forms were clearly outlined and to calculate the proper distribution of light and shade. He would then have recourse to his skills as an artist in modelling the objects to be represented. In this way he created a convincing illusion of volume by means of the resource of chiaroscuro —a carefully calculated application of light and shade— and the use of small, loose strokes of a brush loaded with pure saturated colours applied close together, very similar to the technique used by the pointillist painters of 2,500 years later, as Rouveret remarks.

Apollodorus of Athens, one of the Greek painters who came after Agatharcus, was renowned for his virtuoso use of *eskigraphia*, and in his observations on the corpus of the artist's work, Pliny declared that the great paintings produced by scenographers sought only to seduce or hold the eye of the spectator. And the fact is that these works, whose whole *raison d'être* was to be contemplated from a certain distance, were pure spectacle. Their sole aim was to educate and please the gaze of the audience, to fill people's eyes with dazzling scenes: quite simply, to dazzle them (there is a precisely apt expression for this in French —*en mettre plein la vue*). Because these paintings were never intended to be looked at from close to; distance was necessary to make the brush strokes harmonize and blend together to fill out the forms, and to ensure that these were neither misshapen nor fragmented. As the spectator came closer to the image, the illusion of reality began to dissolve away and the spell was broken. The trick had been discovered. The forms had no volume; they consisted of nothing more than lines and splashes of colour arranged on a plane surface.

Scenography was exclusively concerned with the *species*, as Vitruvius informs us. The Latin noun *species* can be translated as external appearance or aspect or semblance; this is the face of reality, a mask that bears a certain likeness to and relationship with what it shows —if the visage is the mirror of the soul, or if the clothes (the dress, the mask which at once covers and reveals the wearer) maketh the man.

Species could also mean apparition or phantasm, with all of the implications of the nocturnal which such terms possess. *Species* derives from the verb *specio*, whose participle *spectum* is in turn associated with the verb *specto*, to watch, to observe, the presence of which can be traced in the English words speculum, spectacle, spectator and spectre —words which make reference to the realm of sight, to vision, and also to visions. A series of words, then, that leads us to the wondrous world on the other side of the looking glass: a world impossible to apprehend, its forms dissolving or fragmenting as we approach into unconnected patches of light and colour, without substance, undoubtedly unreal. Deceptive and open to condemnation in that it addresses the senses alone —the sight— in terms of the Platonic conception of reality, according to which, in principle, the substantial or essential, which was light, such as the light that irradiated from the eyes and the luminous smiles of the gods, according to the Renaissance Neoplatonist Ficino, could never be enclosed or contaminated by any material substance.

son el trazado en planta, en alzado y en perspectiva *(Ichnographia, Orthographia, y Skenographia)* [...]. La perspectiva *(Skenographia)* es el dibujo sombreado no sólo de la fachada, sino de una de las partes laterales del edificio, por el concurso de todas las líneas visuales en un punto ¿de fuga?).

Solemos oponer la "apariencia" a la "idea", sobre todo si tras el término 'apariencia' desfila un cortejo compuesto por "apariciones", "fantasmas", "visiones" y "espectros", esto es, creaciones o percepciones de la "fantasía", una facultad anímica humana deslindada del intelecto, la única que era capaz de acercarse al mundo de las "ideas".

Sin embargo, la equiparación que Vitrubio —y, antes que él, Cicerón— realiza entre la imagen —o apariencia— y el contenido *eidético* no es descabellada ni se aparta de lo que 'idea' significa, pese a lo que podamos creer hoy día. En griego antiguo, *'eidea'* nombraba una cualidad propia y permanente de las cosas, como el carácter de una persona. La idea se percibía sensible y visiblemente —el verbo griego *'eido'* significaba "ver", de ahí que se hablase de *'idolo'*, divinidad encarnada en una estatua o mostrada por medio de ésta— y remitía a lo que, en verdad, definía y, por tanto, distinguía a un ser.

Era una propiedad esencial que afloraba y se manifestaba gracias y a través de la idea. La idea era el verdadero rostro o la imagen verdadera de una realidad intangible como la celeste. También en latín tardío, *'phantasma'* —en general, "imagen" o "aparición", como ya hemos mencionado— significaba "idea", especialmente, "idea imaginativa", esto es, intuida —o fabricada— por la imaginación.

Aún hoy día, 'idear' puede perfectamente significar "inventar o imaginar" y, al mismo tiempo, "trazar, planificar", esto es, dibujar planos, 'especies' —palabra que, en español, significa "apariencia, color, sombra".

Resulta entonces que la sombra es una manifestación o aparición del ser, el cual se revela por medio de su sombra proyectada en un plano. Las apariciones o especies son siempre una manifestación del más allá, del mundo invisible, celeste, esto es, del reino de las ideas platónicas; de ahí la pertinencia del término *'species'* para referirse a *'eidea'* inteligible, como apunta Pollit.[2] Una idea intangible, en sentido platónico, se muestra por medio de su "idea" o apariencia. Mas la contemplación de las ideas, como Platón demostró en el *Fedro*, no está al alcance ni siquiera de los filósofos. Las ideas se encuentran, no en el interior de la divinidad, como se creyó a partir del cristianismo, sino más allá de la región donde habitan los dioses. Sólo éstos tenían acceso directo a la región deslumbrante de las ideas. El resto de los seres debía contentarse con vislumbrar su resplandor a través de los reflejos luminosos que las ideas dejaban, a modo de brillante estela, en la superficie de las formas sensibles, esto es, en las especies.

Según Vitrubio, las especies que los arquitectos trazaban comprendían, como hemos dicho anteriormente, plantas, secciones o alzados y perspectivas. Sin embargo, no todas las especies son iguales. Plantas, alzados y secciones son documentos gráficos que resultan de la proyección ortogonal de un cuerpo volumétrico sobre un plano y que informan con exactitud sobre la forma, proporciones y medidas del volumen proyectado. Las especies son como la huella o marca a escala impresa por el edificio sobre la superficie del papel. Si se trazaran a escala natural, el contorno del dibujo coincidiría con el perfil de la cara o de la fachada correspondiente del objeto representado.

Estos documentos acotados nos permiten tomar las medidas de la realidad. Las plantas y los alzados son como las caras verdaderas de una realidad, el edificio que se está proyectando, que no existe todavía, y que se muestra mediante estos documentos gráficos. Son proyectos, proyecciones, realidades colocadas más adelante *(pro-jaccio)*, lejos de nosotros, invisibles aún, y que se muestran gracias al dibujo proyectado. Una especie es un especimen, esto es, un modelo —de una realidad que está por venir—; modelo perfecto, hermoso o especioso, que refleja la Belleza que se mira en él. Apariencia e idea, sombra y luz se conjugan en las especies. La especie, la sombra, da a luz a lo que hasta entonces era invisible, habiendo permanecido en la sombra. Gracias a estos documentos

Filippo Juvarra, Escena I de
Teodosio el Joven, Teatro Ottoboni,
1711, Colección del Victoria &
Albert Museum.
G. Michelucci, C. Scarpa, I. Gardella,
Sala de Giotto y del Crucifijo de
Cimabue, Galeria degli Uffizi,
Florencia, 1954-1956.

Filippo Juvarra, Scene I of
Teodosio il Giovane, Teatro
Ottoboni, 1711, Victoria & Albert
Museum Collection.
G. Michelucci, C. Scarpa,
I. Gardella, Giotto and Cimabue,
'Crucifixion' Room, Uffizi
Collection, Florence, 1954-1956.

This being so, it may come as a surprise that Vitruvius should have written, in a different but equally complex chapter of his treatise, the following:

'… Architecture is composed of order, which the Greeks call *taxis*; of arrangement, to which they give the name *diathesis*; of *euruthmia* or proportion (symmetry, propriety) and arrangement, which in Greek is termed *oikonomia* (economy)…'.

Arrangement is the appriopriate positioning of all of the elements, in such a way that when these are placed in accordance with the quality of each one they form an elegant whole. The types of arrangement, which are known as *ideas* in Greek, are the layout in plan, in elevation and in perspective (*Ichnographia*, *Orthographia* and *Skenographia*). Perspective (*skenographia*) is the shaded drawing of not only the facade but also one of the sides of the building, with the concurrence of all of the sight-lines on a single (vanishing?) point.

We tend to think of 'appearance' and 'idea' as opposites, above all when following in the wake of the term appearance is a train of 'apparitions', 'phantasms', 'visions' and 'spectres'; in other words, the creations or perceptions of 'fantasy', a faculty of the human spirit framed by the intellect, the only one capable of engaging with the world of 'ideas'.

Nevertheless, the equation which Vitruvius —and Cicero before him— draws between the image or appearance and the *eidetic* content is perfectly plausible and in congruence with the meaning of the term *idea*, however strained it might at first seem to us today. In classical Greek, *eidea* referred to an inherent and permanent quality of things, like the character of a person. The idea was perceived by the senses, including that of sight —the Greek verb *eido* meant 'to see', so that an *eidolon* or idol was a divinity embodied or manifested in a sculpture— and referred to that which truly defined and thus served to distinguish a particular being. This was an essential property which appeared and manifested itself by means of the idea. The idea was the true face, the authentic image of an intangible reality such as the celestial realm. And in late Latin, too, *phantasma* —in general, as we have already noted, an image or apparition— meant 'idea', and especially 'imaginative idea', an idea intuited or fashioned by the imagination. And even today, in languages such as Spanish, Catalan and Italian, the verb *idear* or *ideare* is used to mean both 'to think up; to imagine' and 'to plan; to design' —in other words, to draw up plans or *especies*, which in Spanish can be used to signify 'appearance, colour, shade'.

It thus emerges that the shadow is a manifestation or apparition of the being, which reveals itself by means of its shadow projected onto a surface. An apparition or *species* is always a manifestation of the beyond, of the invisible, celestial world, of the realm of Platonic ideas; hence the relevance of the term *species* in referring to an intelligible *eidea*, as Pollit has noted.[2] An intangible idea, in the Platonic sense, reveals itself by means of its 'idea' or appearance. However, the contemplation of ideas, so Plato tells us in the *Phaedrus*, is beyond the reach of even the philosopher. Ideas are found not in the interior of the godhead, as has been accepted since the advent of Christianity, but beyond the realm inhabited by the gods, who are the only beings with direct access to the dazzling region of ideas. All lesser beings must be content merely to glimpse their splendour in the luminous reflections they cast, like brilliant traces, on the surfaces of sensible forms or *species*. According to Vitruvius, the *species* drawn by the architect consist, as we have seen, of plans, sections or elevations and perspectives. However, not all *species* are the same. Plans, elevations and sections are graphic documents generated from the orthogonal projection of a volumetric body onto a plane surface, which provide exact information about the form, proportions and dimensions of the projected volume. The *species* are like the accurately scaled mark or print of the building impressed onto the paper. If this were drawn at a scale of 1:1, the outline of the drawing would coincide perfectly with the corresponding outline of the plan or elevation of the object itself.

ejemplares podemos saber con precisión cómo será un objeto que es invisible todavía, que no se ha hecho realidad, que no ha encarnado. Las especies nos remiten al objeto que sólo existe en el más allá donde moran las ideas, o en la imaginación del arquitecto, pues, tal como afirmaba Vitrubio, nacen de la unión de sus facultades creativas: la *cogitatio* (pensamiento o imaginación) y la *inventio*.

Por el contrario, un dibujo en perspectiva, como ya hemos comentado, es, en principio, engañoso. Platón ya oponía el dibujo en planta o alzado —cuya utilidad y legitimidad defendía puesto que correspondía punto por punto con las distintas caras de la realidad— con un esquema escenográfico, las medidas de cuya imagen no guardaban una relación de equivalencia respecto a las del objeto real. A fin de que el espectador tuviera la sensación de encontrarse, desde su particular y limitado punto de vista, ante un objeto ilusoriamente real, el artista mimético debía alterar las proporciones y los colores de la realidad. Platón había observado que las estatuas divinas de mármol, en apariencia tan hermosas, que coronaban el frontón de los templos clásicos y que los hombres sólo apreciaban desde abajo, si eran observadas de cerca, cuando no habían sido todavía izadas, estaban muy desproporcionadas. Parecía como si el artista no hubiera esculpido la imagen de un dios olímpico sino de una divinidad primitiva y monstruosa. El dios no podía mirarse y reconocerse en esta su imagen deforme. Su belleza no podía trasmitirse. Las imágenes en perspectiva parecían bellas, mas no lo eran porque carecían de proporción y medida. Eran desmedidas o deformes. No reflejaban belleza alguna, no informaban sobre ésta. Informaban mal. Daban una imagen errónea o equivocada, llevando al público a la confusión, ofuscándolo: sumergiéndolo en la *skia*, en lo fosco.

Sin embargo, Vitrubio no hizo distinción alguna entre especies justas e injustas. Todo lo contrario: para él, todas las especies eran semejantes, puesto que ambas reproducían, con igual fidelidad, no la esencia, sino la apariencia de los volúmenes. Tampoco lo pretendían. Pero, según un comentario de Plinio a propósito de la pintura del célebre artista griego Parrasio, las especies en los cuadros son "la línea del contorno que se cierra sobre sí misma de manera que deja adivinar otra cosa detrás de ella y muestra incluso lo que esconde". Toda apariencia, entonces, deja entrever lo que no sería visible si no existieran las especies. Sin duda, es por este motivo por lo que, a diferencia de Platón, Vitrubio no las rechazó por vanas y contraproducentes, como tampoco lo hicieron Plinio o neoplatónicos como Plotino. Eran un —o el— medio para llegar a ver lo que los ojos no distinguen a simple vista.

Así pues, las especies eran y son parte de los medios gráficos que el arquitecto emplea para proyectar. Al igual que la sombra y la escenografía, la especie emana de la realidad, por plana, oscura e insustancial que sea. La especie, habiendo sido originada por la realidad, aparece como el medio, el único medio válido para remontar hacia la realidad originaria y verla en su plenitud. La sombra, lejos de hacer sombra a la realidad o de palidecer a su lado, se muestra como su directa plasmación o proyección. Según la cosmogonía griega, la luz nació del caos.

Las artes todas, al igual que las religiones, no existirían sin la escenografía. En ausencia de trajes y máscaras, y de un espacio escénico apropiado, perfectamente deslindado del espacio cotidiano o profano, los personajes de teatro no cobrarían vida. Los actores no podrían transfigurarse, el tiempo que dura una representación, en héroes de ficción.

Igualmente, si no fuesen representados adecuadamente —si no se les emplazase en peanas, se les depositase y protegiese en urnas de cristal y se les señalase con indicadores y carteles—, si no fuesen expuestos con una luz especial y puntual que los destacase, en fin, si no se les colocase en un recinto acotado, cual un museo o una galería de arte, según un recorrido —inciático—, muchos objetos no llegarían a ver la luz ni llegarían a ser arte. Un urinario no se trasmutaría en *Fuente,* la célebre y controvertida "escultura" que Marcel Duchamp expuso a principios de siglo en Nueva York; unas latas llenas de excrementos —excrementos de artista, eso sí, de Piero Manzoni, un artista italiano de principios de los años sesenta— no se convertirían para algunos en un emblema de la escultura moderna. De la misma manera, retablos o pinturas religiosas, incluso de artistas como Miguel Ángel

Grabado de Giuseppe Galli da Bibiena publicado en el libro *Architetture e Prospettive*, 1740. Herrera *el Mozo*, telón y embocadura del teatro de las Comedias del Alcázar de Madrid, Colección de los Uffizi, Florencia.

Engraving by Giuseppe Galli da Bibiena published in *Architetture e Prospettive*, 1740. Herrera the Young, Curtain and proscenium arch for the Comedias theater in the Alcázar of Madrid, Uffizi Collection, Florence.

These scaled or dimensioned documents enable us to measure reality. Plans and elevations are like the true faces of a reality, the building in the process of being designed, that does not yet exist and manifests itself by means of these graphic documents. They are projects, projections, realities situated further forward (*pro-jaccio*), some way ahead of us, still not visible, which can only be seen thanks to the projected drawing. A *species* is a specimen; a model, in effect, of a reality that is yet to come; a perfect, a beautiful or a specious model that reflects the Beauty that is sought in it. Appearance and idea, shadow and light come together in the *species*. The *species*, the shadow, brings to light what was until then invisible, until then cloaked in shadow. By virtue of these exemplary documents we are able to envisage precisely how an object that is not yet visible, that is not yet reality, that has not yet been embodied, will look. *Species* remit us to objects that exist only on that other plane inhabited by ideas, or in the imagination of the architect, since, as Vitruvius claimed, they are born out of his or her creative faculties: *cogitatio* (thought; imagination) and *inventio*.

In contrast, a perspective drawing is, as we have already noted, by its very nature a deception. Plato first opposed the drawing of a plan or an elevation —whose utility and legitimacy he upheld on the grounds that these correspond point for point with their respective realities— to the set painter's sketch —the dimensions of which do not bear a one to one relation to those of a real object. If the spectators were to have the convincingly illusory sensation of seeing, each from their own limited point of view, a real object, the mimetic artist had to alter the proportions and the colours of reality. Plato again observed that the marble statues of the gods, so beautiful to the eye, crowning the pediment of the classical temple, and habitually seen from below, appeared totally out of proportion when viewed from close quarters, before they had been hoisted into position. They looked then as if the artist had sculpted the image not of an Olympian god but of some monstrous primitive divinity; the god could never recognize himself in such a deformed image; his beauty had not been communicated. Perspective images might seem beautiful, but they were not, because they were deficient in proportion and measure. They were disproportionate or deformed. They did not reflect one iota of beauty, did not inform or pass on beauty. They gave a false and misleading image, creating confusion in the minds of the spectators, bewildering them and immersing them in *skia*, in darkness.

Vitruvius, however, made no distinction between just and unjust *species*. On the contrary: he regarded them as basically similar, since they both reproduced, with equal fidelity, not the essence but the appearance of volumes. Nor did they claim anything more. But according to Pliny, who made the observation in relation to the painting of the famous Greek artist Parrasion, the *species* in a picture are 'the line of the contour which closes over on itself in such a way as to let something else behind it be seen, and even shows what it hides'. All appearance, then, affords a sight of what would not be visible if the *species* did not exist. No doubt this is the reason why Vitruvius —unlike Plato, but in company with Pliny and Neoplatonists such as Plotinus— did not reject them as vain and counterproductive, but saw them as a —or the— means of seeing what the eye does not take in at first sight.

So the *species* were and are part of the graphic media which the architect uses in the design process. Like the shadow and scenography, the *species* comes from reality, however flat, dark and insubstantial it may be. The *species*, having originated in reality, appears as the medium, the only valid medium with which to get back to that original reality and see it in its plenitude. The shadow, far from being a mere shadow of reality or paling into insignificance at its side, reveals itself as the direct manifestation or projection of reality. Light was born out of chaos, according to Greek cosmogony. The arts, each and every one, like religions, would not exist if it were not for scenography. Without costumes and masks, without a suitable scenic space perfectly marked off from the everyday or profane space, the personae of the drama would never come to life. The actors would not be able to transform themselves, for the duration of the performance, into fictional characters.

Carlo Scarpa, escenografía para la exposición *Antonello da Messina e i Quattrocentisti Siciliani*, municipio de Messina, Sicilia, 1953.

Carlo Scarpa, set design for the exhibition *Antonello da Messina e i Quattrocentisti Siciliani*, Municipality of Messina, Sicily, 1953.

o Caravaggio —poco dado al fervor místico— seguirían siendo objetos de devoción o sagrados, venerados únicamente por lo que representan, y no se les consideraría objetos artísticos apreciados por sus cualidades estéticas o por su capacidad de deleitarnos, con independencia de sus valores morales.

La escenografía, al igual que el espejo, trastoca —transfigura— la realidad, alterando, no sólo la apariencia, sino sobre todo su ser. *Fuente* no es un urinario manipulado o camuflado.

Ciudadano Kane no es el gran fabulador y cuentista Orson Welles, disfrazado y maquillado, haciéndose pasar por quien no es —un potentado de los medios de comunicación— sino que, gracias a una calculada y efectiva escenografía, Kane, el respulsivo Kane, hasta entonces invisible o irreal, tomó cuerpo en Welles y se hizo realidad. Aquí también, la especie hizo ver una entidad imaginable, inexistente incluso, sin la presencia de aquélla. El actor, transfigurado, habla en nombre del personaje que representa o encarna en una lengua que hasta entonces desconocía. Gracias a la magia del escenógrafo, los profanos reciben al espíritu. Y el público, embelesado, acepta de buen grado que el rey lleva un traje extraordinario que se supone que sólo los conversos son capaces de ver. Porque, gracias al don de este hábil maestro de ceremonias que es el escenógrafo, creemos a pies juntillas que el rey va ricamente vestido.

Cuando proyectan decorados, montajes de exposiciones y pasacalles, los escenógrafos crean otros mundos a partir de un material profano que es lo que nos envuelve. Estos mundos a los que los escenógrafos nos enfrentan —más brillantes y depurados que el nuestro— son los del arte y están más próximos al rito.

Los únicos que son capaces de proyectar estos mundos, donde las leyes naturales se subvierten, los edificios son sólo una fachada y viven seres tan extraños y tan humanos, tan próximos a la vez que tan lejanos a nosotros —como el maldito Edipo o los dubitativos Hamlet o Segismundo—, son unos creadores "especiales", creadores de especies, maestros de la apariencia: son los arquitectos, buenos conocedores —técnicos— de los principios —los "arquetipos"— que sustentan la realidad.

El escenógrafo y el arquitecto son un mismo creador. Algunos escritores antiguos ya habían señalado que el arquitecto, al igual que el escenógrafo, debía proyectar teniendo en cuenta el punto de vista de los espectadores —y de los usuarios—, alterando las proporciones (la *simmetria*) y la disposición de las formas, si ello fuese necesario, a fin de complacer a la vista.

Pero la relación entre la arquitectura y el teatro está más allá de la pura semejanza de procedimiento. El escenógrafo proyecta sueños a los que el arquitecto da cobijo. Quizá por esto, la escenografía se ha desarrollado tanto en las épocas de los sueños de grandeza imperiales —como la sorprendente escena giratoria que los arquitectos Severo y Celer ingeniaron para la sala cupular de la Domus Áurea de Nerón, gracias a la cual el emperador, semejante al dios sol, se mostraba y desaparecía de la vista de sus visitantes, o las multitudinarias y grandilocuentes, aunque efectivas, paradas militares de la Alemania nazi o de la Unión Soviética de Stalin— como en épocas de cambio: los años en que se gestaron los movimientos místicos del barroco (con las fabulosas maquinarias proveedoras de fantásticas ilusiones en fiestas y funerales, de Bernini, los Bibiena y Juvara) o los proyectos revolucionarios de la Francia de finales del siglo XVIII y de la Rusia de principios del siglo XX.

La escenografía, que tan estrecho parentesco tiene con los sueños y la seducción, también ha prosperado en los años de los ideales románticos (la ópera, los salones de arte y las exposiciones universales fueron propias del siglo XIX), así como en la posguerra europea (especialmente en Italia), cuando se tomó conciencia de que el arte era un bien frágil e irreemplazable, un patrimonio humano —acaso lo único que los hombres tienen en común, según pensaba Malraux— que se debía proteger y cuyo aprecio había que fomentar: fueron dos décadas de grandes muestras internacionales de arte —como las bienales de Venecia—, durante las cuales arquitectos como Scarpa y Gardella reconstruyeron museos y definieron nuevos criterios expositivos que destacaban la singularidad, el aura propia de la obra de arte —un cuadro, por modesto que fuera, una pequeña talla gótica de madera

Sala cupular de la casa-museo de Sir John Soane, Londres, 1810.

Domed room in Sir John Soane's Museum, London, 1810.

Similarly, in the case of objects, if these were not suitably presented —if they were not placed on plinths, if they were not enclosed in and protected by glass cabinets and identified with pointers and cards, numbers and names— if they were not exhibited with special lighting to pick them out; in other words, it they were not set inside a delimited precinct such as a museum or an art gallery, many of them would never come to be seen as art, or even be seen at all. A urinal would not be transmuted into a *Fountain*, the famous and controversial sculpture which Duchamp showed in New York in 1917; cans filled with excrement —the excrement of an artist, of course, that of the Italian Piero Manzoni— from the early sixties would not have come to constitute for some an emblem of contemporary sculpture. In the same way, an altarpiece or a religious painting, even by an artist like Michelangelo or Caravaggio (little given to mystic fervour) would continue to be objects of devotion, sacred things venerated solely for what they represent, and would not be regarded as works of art appreciated for their aesthetic qualities or for their capacity to please us, quite independently of their moral values.

Scenography, like the looking glass, transforms —transfigures— reality, altering not only its appearance but its very being. *Fountain* is not a manipulated or camouflaged urinal; *Citizen Kane* is not the brilliant storyteller Orson Welles, disguised and dressed up, passing himself off as someone he is not (a great media tycoon), but, thanks to an effective and cleverly thought-out scenography, Kane in person, the repulsive Kane, until that moment invisible and unreal, who has possessed the body of Welles and made himself reality. Here, too, the *species* brings to light something that cannot be imagined, cannot exist, but for its presence. The actor, transfigured, speaks on behalf of the persona he represents or incarnates, in a language that he did not know before. Thanks to the magic of the scenographer, the laity are given communion, receive the spirit. And the enraptured public are happy to accept that the king is wearing an extraordinary suit of clothes that only the initiated can see. Because, thanks to the talents of that skilful master of ceremonies, the scenographer, we fully believe that the king is richly attired.

When he or she designs a stage or film set, a montage for an exhibition or a live performance, the scenographer is creating another world out of the humdrum material of the world around us. And the other worlds that the scenographer places in front of us, brighter and purer than ours, are the worlds of art, and are thus closer to ritual.

The chosen ones who are capable of designing those other worlds in which the laws of nature are subverted (buildings with only one facade), where there live beings at once so strange and so human, so near to us and so far removed —like the accursed Oedipus, or the doubting Hamlet or Sigismund— are 'special' creators, the creators of *species*, masters of appearances: they are architects, with their thorough —technical— understanding of the principles —the 'archetypes'— on which reality rests.

The scenographer and the architect are a single creator. More than one classical writer observed that the architect, like the scenographer, has to design with an eye to the viewpoint of the future user or spectator, modifying the proportions (the symmetry) and the placing of the forms for the specific purpose of pleasing the eye.

But the relationship between architecture and stage design runs much deeper than the mere similarity of their processes. The scenographer projects dreams to which the architect then gives a roof. Perhaps this is why scenography has tended to flourish in periods marked either by dreams of imperial greatness (as with the remarkable revolving stage which the architects Severus and Celer devised for the domed space of Nero's Domus Aurea, by means of which the emperor, like the sun god, would show himself to his visitors and disappear again; or the grandiloquent yet extremely effective mass military parades and rallies of Nazi Germany or Stalin's Soviet Union), or by the emergence of baroque mysticism (with the fabulous machinery for producing fantastic illusions at feasts and funerals dreamed up by Bernini, the Bibiena family and Juvara) or the

Etienne-Louis Boullée, decorado para una tragedia, París, 1759.
Karl Friedrich Schinkel, escenografía con un templo egipcio para la ópera *La flauta mágica*, 1816.

Etienne-Louis Boullée, décor for a tragedy, Paris, 1759.
Karl Friedrich Schinkel, stage set of an Egyptian temple for the opera *The Magic Flute*, 1816.

policromada o un fragmento de una estatua antigua de piedra o de mármol, rescatada del tiempo a la vez que preservada por él—, capaz de orientar y dar sentido al espacio —así como a la vida—. Es curioso —y lógico, a la vez— que los arquitectos que con más eficacia y persistencia han dado nueva vida a las culturas del pasado —sustrayéndolas del olvido, del reino de las sombras en las que el olvido las había sumido— hayan sido grandes escenógrafos. Así sucedió con Piranesi —que estaba fascinado por la grandeza de las ruinas de los templos griegos de Paestum— y con Schinkel —quien puso su grano de arena en el rescate de la arquitectura egipcia gracias a los telones de *La flauta mágica,* pintados con motivos orientalizantes—.

A través de la escenografía, el hombre intenta habilitar un espacio donde los sueños, los que su imaginación febril engendra y los que provienen de otro mundo, puedan tener cabida. Los sueños de la razón producen mostraciones.

[1] Agnès Rouveret, "Scaenografia. La scénographie selon Vitrube", en *Histoire et imaginaire de la peinture ancienne (Ve siècle av. J.-C. - 1er siècle ap. J.-C.),* Roma: École Française de Rome, Palais Farnèse, 1989, p. 72.

[2] J. J. Pollit, "Species", en *The Ancient View of Greek Art, Criticism, History and Terminology,* New Haven y Londres: Yale University Press, 1974, p. 437.

El Lissitzky, maqueta para el teatro Meyerhold, 1929.
El Lissitzky, montaje del Gabinete Abstracto, en el Provinzialmuseum de Hannover, 1927.

El Lissitzky, model for the Meyerhold Theater, 1929.
El Lissitzky, montage of the Abstract Museum, in the Hannover Provinzialmuseum, 1927.

revolutionary projects of France at the end of the 18th century and Russia at the start of the 20th. Scenography, which is so closely related to dreams and seduction, has also thrived in times of Romantic ideals (the opera, the artistic salons and the international exhibitions of the 19th century) and in the Europe of the postwar years (especially in Italy), when people were acutely conscious that art was a fragile and irreplaceable human heritage (perhaps the only thing we have in common, as Malraux thought) that needed to be protected and whose appreciation had to be fomented (these were two decades of great international art shows, such as the first Venice Biennials, in which architects such as Scarpa and Gardella rebuilt museums and defined new exhibition criteria which highlighted the singularity, the particular aura of the work of art, however modest, whether it were a picture, a small Gothic polychrome wood carving or a fragment of an ancient marble statue, at once rescued from and preserved by time, capable of orienting and giving meaning to the space —and to life itself.

It is curious, and at the same time logical, that the architects who have most persistently and most effectively given a new lease of life to the cultures of the past —rescuing these from oblivion, from the shadowy realm to which neglect had consigned them— should have been great set designers. This was true of Piranesi, who was fascinated by the grandeur of the ruins of the Greek temples of Paestum, and of Schinkel, who made his own small contribution to the recovery of Egyptian architecture with his backdrops for *The Magic Flute*, painted with oriental motifs. Scenography is one of the means by which we human beings attempt to fit out a space for our dreams, both those engendered by our febrile imagination and those that come to us from the other world. The dreams of reason breed expositions.

[1] Agnès Rouveret, 'Scaenografia. La scènographie selon Vitrube', in *Histoire et imaginaire de la peinture ancienne (Ve siècle av. J.-C.)*, Rome, Ecole Française de Rome, Palais Farnese, 1989, p. 72.

[2] J. J. Pollit, 'Species', in *The Ancient View of Greek Art. Criticism, History and Terminology*, New Haven and London, Yale University Press, 1974, p. 437.

Lilly Reich y Mies van der Rohe, Café de Seda y Terciopelo de la Exposición de la Moda en Berlín, 1927.
Lilly Reich y Mies van der Rohe, exposición de tejidos de seda alemanes, Exposición Internacional de Barcelona, 1929.

Lilly Reich & Mies van der Rohe, Silk and Velvet Café at the Berlin Fashion Show, 1927.
Lilly Reich & Mies van der Rohe, exhibition of German silk fabrics, Barcelona International Exposition, 1929.

Joan Roig

El libro que aquí se presenta, *Arquitectos a escena*, tiene como objetivo mostrar un amplio panorama del trabajo que los arquitectos han desarrollado en el mundo de la escenografía, tanto la teatral como la relacionada con la exhibición o exposición de objetos, a lo largo de la década de los años noventa. Si en algo se ha distinguido el mundo de la cultura en los últimos años, consideremos desde finales de los setenta, ha sido precisamente en el uso excesivo que, para manifestarse, ha hecho de lo escenográfico. Exposiciones, demostraciones culturales o acciones populares, entendidas siempre como sistemas para comunicar y transmitir cultura, han prevalecido por encima de otros sistemas quizás más comunes, y seguramente más adecuados, por su capacidad de profundizar y dar mayor contenido a la idea que se pretende transmitir, aunque seguramente no tan eficaces para llegar de inmediato al espectador.

Los años noventa han visto desarrollarse esta manera de entender la cultura en todos los ámbitos. Las universidades, los museos y las bibliotecas se valen de *exposiciones* como manera casi universal de transmitir conocimientos. Los ayuntamientos *exponen* sus logros al igual que los museos exponen sus fondos. Las ciudades *exponen* sus cambios y las empresas sus beneficios como un pintor expondría sus cuadros. El soporte *exposición*, con lo que conlleva en sí mismo: montaje, publicidad, catálogo, etc., es sin duda el más utilizado como forma de expresión en este fin de milenio. La *exposición* sustituye a la educación, a la ilustración y al conocimiento no sólo en los ámbitos de transmisión más habituales, sino incluso en aquellos en los que lo que se debe transmitir está más relacionado con los sentimientos que con la propia cultura. Sólo haría falta detenernos en algunos acontecimientos, como la conmemoración del 200 aniversario de la Revolución Francesa en 1989 o las ceremonias de inauguración de los Juegos Olímpicos de Barcelona de 1992 o Atlanta de 1996, para ver cómo la *exposición* sustituye a la conmemoración y entender de qué modo el *espectáculo* es capaz de absorber y sustituir aquello que pretende representar.

En su denuncia hacia esa tendencia por la transmisión *espectacular* de las ideas, Guy Debord apuntaba a principios de los años sesenta cuán fácil y asequible, así como peligroso, es esa manera de transmisión de conocimientos, en tanto que convierte en pasivo y en simple y mero *espectador* al receptor de los mismos, al mismo tiempo que es capaz de modificar el carácter de los propios conocimientos. Todo cuanto se relaciona con lo *espectacular* debe por fuerza variar su contenido básico para poder ser transmitido. La exhibición, pues, no es tan sólo un método de comunicación sino una comunicación, un mensaje en sí misma; un vehículo capaz de modificar el mensaje en función de su propia manera de entender la transmisión.

De qué manera los arquitectos han contribuido al desarrollo de esta situación es algo que forzosamente nos remite a la historia de la arquitectura más reciente.

Es patente el papel que desarrollaron las exposiciones universales de finales del siglo XIX y principios del XX en el desarrollo general de la arquitectura. Los trabajos de Josef Olbrich en el pabellón de la Secesión en Viena, de Bruno Taut en el pabellón de Cristal de Colonia en 1914, de Walter Gropius en la Exposición de Materiales no Férreos de Berlín en 1934, entre otros, no sólo definieron una nueva manera de intervenir en ese tipo de demostraciones sino que marcaron pautas para el desarrollo de la arquitectura más directamente relacionada con la vanguardia. A su vez, la investigación de nuevos conceptos de la acción teatral y de la concepción del espacio escénico en el período de entreguerras, a partir de los trabajos, por ejemplo, de Max Reinhard, Oskar Schlemmer o del propio Gropius con su proyecto de Teatro Total, proporciona un enfoque nuevo a esa búsqueda de un espacio moderno en que la sociedad de la época estaba empeñada. Los ejemplos más significativos o, en todo caso, los que mayor influencia han tenido en esa evolución a lo largo del siglo han sido sin duda los trabajos de Ludwig Mies van der Rohe y Lilly Reich. En sus exhibiciones se confunden voluntariamente escenografía y contenido, creando con los objetos que deben exponer: vidrio, tejido, etc., el espacio mismo que los expone. Como Rubió

W. Gropius y J. Schmidt,
Exposición de Materiales no Férreos,
Berlín, 1934.

**W. Gropius & J. Schmidt,
Non-ferrous metals exhibition,
Berlín, 1934.**

Joan Roig

The book being presented here, *Architects on stage*, aims to put forward a broad panorama of the work carried out by architects in the field of set design, both for the theatre and for the exhibition or display of objects of one kind or another, during the course of the 90s.

If there is one thing that has characterized the cultural scene over the last ten or twenty years, since the late 70s, for example, it is precisely the excessive use that has been made, for promotional purposes, of the scenographic. Exhibitions, cultural demonstrations and popular actions, always understood as systems for communicating and transmitting culture, have prevailed over other systems which may well be more commonplace and are undoubtedly more appropriate in terms of their capacity to treat in depth and to give more content to the idea they are supposed to transmit, even if they are less effective at making immediate contact with the spectator.

The 90s have witnessed the development of this conception of culture in every sphere. The universities, the museums, the libraries, make use of *exhibitions* as an almost universal way of transmitting knowledge. City Councils *exhibit* their achievements in the same way that museums exhibit their holdings. Cities *exhibit* their changes and companies exhibit their profits just as the painter might exhibit pictures. The *exhibition* medium, and all that goes with it —montage, publicity, catalogue, etc.— is without a doubt the most widely utilized form of expression at this end of the millennium. The *exhibition* has replaced education, illustration and knowledge, not only in the more habitual areas of transmission, but even in those in which what is to be transmitted is more closely related to feelings than to culture as such. We need only call to mind here events such as the commemoration of the 200th anniversary of the French Revolution in 1989, or the opening ceremonies for the Olympic Games in Barcelona in 1992 or in Atlanta in 1996, to see how the *exhibition* has taken over from the commemoration and to appreciate how the *spectacle* is capable of absorbing and replacing what it is intended to represent.

In his denunciation of this tendency to transmit ideas as *spectacle*, Guy Debord noted in the early 60s the facility and accessibility, as well as the dangers, of this way of transmitting knowledge, to the extent that it makes the recipient of such knowledge a passive subject, a mere *spectator*, and is at the same time capable of modifying the very nature of that knowledge. Everything associated with the *spectacle* must of necessity change its basic content in order to be transmitted. The exhibition is, then, not so much a method of communicating as a communication, a message in its own right; a vehicle capable of modifying the message in terms of its own way of interpreting the act of transmission.

The contribution that architects have made to the development of this situation is something that obliges us to look again at our recent architectural history.

A major role in the overall development of architecture was evidently played by the international exhibitions and world's fairs of the late 19th and early 20th centuries. Such works as Josef Olbrich's Secession pavilion in Vienna, Bruno Taut's Glass pavilion in Cologne in 1914, Walter Gropius' *Non-ferrous metals exhibition* in Berlin in 1934, among others, not only defined a new way of intervening in exhibitions of this kind, but effectively laid down guidelines for the development of an architecture more directly related to the avant-garde. At the same time, the investigation of new concepts of dramatic action and in the conception of the stage space in the years between the wars, for example, in the works of Max Reinhard, Oskar Schlemmer or Gropius himself with his Total Theatre project, throw a new light on this pursuit of a modern space in which the society of the time was actively engaged. The most significant examples, or at any rate the ones to exercise most influence on that evolution over the course of the 20th century, have undoubtedly been the works of Ludwig Mies van der Rohe and Lily Reich. In their exhibitions they deliberately confused set design and content, using the actual objects to be exhibited —glass,

i Tudurí apunta del pabellón de Barcelona de 1929: "no encierra sino espacio, y aún así de una manera geométrica y no real o física". Está claro que no se trata sino de un lugar que se expone a sí mismo, sus dimensiones, su tamaño y sus calidades. Esta vacuidad no está en función sino de la génesis de un lenguaje espacial propio que muy pronto contaminará a la arquitectura del momento hasta convertirse en su sello característico y su marca de identidad.

Exposición pues, sin otro objeto que exponer más que la propia exposición, exposición del propio lenguaje de la exposición. La aportación de Mies y Reich no sólo fue importante para el desarrollo del concepto de escenografía sino que, y especialmente, ayudó a construir y consolidar el repertorio formal especifico de las vanguardias arquitectónicas en la primera mitad de este siglo. En concreto los pabellones para la exposición de la Werkbund o la Sala del Cristal de Stuttgart de 1927 que anteceden y presagian el pabellón de Barcelona, son difícilmente aislables del desarrollo del pensamiento de Mies en cuanto a la construcción de su concepción espacial, como así se demostrará en la casa Tugendhat en Brno de 1930.

Tras la II Guerra Mundial, y aún antes en pequeñas exposiciones que no se darán a conocer hasta pasada la contienda, surge una nueva manera de entender la exhibición. Asumidas ya definitivamente las características formales del nuevo lenguaje de la modernidad, aparece con fuerza un renovado interés por el objeto a exponer. En Italia, y sobre todo en los trabajos de Franco Albini, el objeto motivo de la exposición empieza a recibir un tratamiento individualizado, respetuoso y distanciado del material que sirve para exponerlo. Si en la Exposición de Materiales no Férreos de Gropius las estructuras que sustentaban los objetos eran tanto o más motivo de exposición que los propios objetos, en los trabajos de Figini y Pollini para Olivetti en la feria de Milán de 1935 o de Pica en la exposición *El vuelo en el arte de Itálica* de 1939 en Roma, los objetos adquieren valor propio y se distancian de sus soportes, bien porque éstos se diseñan como estructuras formalmente ligeras o porque se convierten en simples fondos fotográficos que los recogen y acompañan.

Franco Albini reproduce estas características a la hora de desarrollar algunas de sus más conocidas exposiciones: la Muestra de Joyería Antigua de 1936, la Sala Zama de 1940 o la Sala del Plomo y del Zinc de 1941, las tres en Milán. Pronto serán recurrentes en él la creación de estructuras ligeras en metal y cable tensado que permitirán presentar los bellos objetos motivo de la exposición.

Con Albini, Carlo Scarpa, BBPR, Gabetti e Isola y tantos otros, el arte de la exposición de objetos, ya sean bellas piezas de arte antiguo o modernas máquinas de escribir, adquirirá sus mayores cotas durante los años cincuenta. Objetos perfectamente iluminados, depositados sobre fondos de color adecuado y colocados sobre soportes ligeros y bellos, con voluntad de pasar desapercibidos pero perfectamente diseñados hasta el detalle más insignificante. En esta voluntad no es ajena la influencia del *arte povera*, manifiesta en soportes y escenarios, para los cuales se utilizan frecuentemente materiales explícitamente simples, cuando no vulgares: madera, cartón, papel o alambre, que no simula una calidad distinta, por superior, como en las escenografías románticas donde los fondos de cartón pintado simulaban paisajes o palacios, sino mostrando la naturaleza real del material que se utiliza. El carácter efímero de la exposición es, así, remarcado por la calidad perecedera del material con que se realiza. Los objetos, merced a su soporte y puesta en escena, adquieren una fuerza que no siempre tienen realmente. Diríamos que su exhibición les confiere carácter, que al ser mostrados se personalizan y se afirman, adquiriendo vida propia, como por arte de magia. Esa magia en la exhibición del objeto ha tenido un máximo exponente en la figura de Achille Castiglione, auténtico *mago* de la creación de objetos, traslada esa habilidad a su presentación. Su disposición sobre los soportes, su iluminación, el cuidado conferido a su entorno, adquiere un aire casi circense en que la simulación, el engaño y la especulación son los instrumentos empleados.

No como contraposición sino como lógica consecuencia de esa actitud hacia la manera de exponer los objetos y de entender la relación de éstos con el espectador, aparece a mediados de los años sesenta una corriente distinta que basa su actitud no tanto en la atención hacia el objeto expuesto como hacia

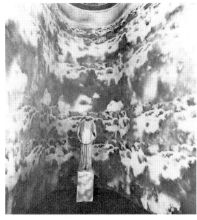

Franco Albini, exposición
El vuelo en el arte de Itálica,
Roma, 1939.
L. Figini y G. Pollini, Stand para
Olivetti, Feria de Milán, 1935.

**Franco Albini, *Flight in Italic Art
exhibition*, Rome, 1939.
L. Figini & G. Pollini, Stand for
Olivetti, Milan Fair, 1935.**

textiles, etc.— to create the exhibition space itself. As Rubió i Tudurí observed of the *Barcelona Pavilion* in 1929, it *"encloses nothing but space, and even then in a geometrical rather than a real or physical way"*. It is obvious that we are dealing with nothing other than a place which exhibits itself, its dimensions, its volume and its qualities. This vacuity is not a product but the actual genesis of a spatial language of its own which very soon went on to contaminate the architecture of the time, to the extent of coming to constitute its characteristic stamp and its mark of identity. Exhibition, then, with no other object to exhibit than the exhibition itself; exhibition of the language of the exhibition itself. The contribution made by Mies and Reich was important not only for the development of the concept of set design; it also, and especially, helped to construct and consolidate the specific formal repertoire of the architectural avant-gardes during the first half of the 20th century. In particular the pavilions for the *Werkbund* exhibition and the *Glass room* in Stuttgart in 1927 which predated and prefigured the Barcelona Pavilion cannot easily be considered in isolation from the development of Mies' thinking about the construction of his spatial conception, as was duly demonstrated with the Tugendhat House in Brno in 1930.

After the Second World War, and even before then in various small events that did not become widely known until the war was over, there emerged a new way of understanding the exhibition. Following the definitive assumption of the formal characteristics of the new language of modernity, a renewed interest in the object to be exhibited made itself forcefully apparent. In Italy, and above all in the works of Franco Albini, the object which was the focus of the exhibition began to receive an individualized treatment, respectful and distanced from the material which served to exhibit it. While in Gropius' *Non-ferrous metals exhibition* the structures which support the objects are as much as or more the concern of the exhibition than the objects themselves, in Figini and Pollini's designs for Olivetti at the Milan trade fair in 1935, or in Pica's design for the *Flight in Italic Art* exhibition in 1939 in Rome, the objects take on a value of their own and distance themselves from their supports, either because the latter are designated as formally lightweight structures or because they take the form of simple series of photographs which represent and accompany the objects. Franco Albini reproduced these characteristics when he came to design some of his best-known exhibitions, such as the *Antique Jewelry Exhibition* in 1936, the *Sala Zama* in 1940 or the *Lead and Zinc Exhibition* in 1941, all three in Milan. Before long, lightweight structures of metal and tensed cables, which served to support the beautiful objects being presented in the exhibition, were to become recurrent features of his work.

With Albini, Carlo Scarpa, BBPR, Gabetti e Isola and many others, the art of exhibiting objects, whether these were antique works of art or modern typewriters, attained its supreme level of sophistication in the 50s. Perfectly lit objects, set out in front of suitably coloured backgrounds on aesthetically pleasing lightweight supports, with an air of wishing to go unnoticed yet perfectly designed down to the most minute detail. This attitude can be associated with the influence of *Arte Povera*, as manifested in supports and scenarios, the materials utilized for these —wood, cardboard, paper or wire— being in many cases explicitly simple, not to say vulgar. And rather than simulating some different and superior quality, in the manner of those Romantic set designs in which the painted cardboard backdrops represent landscapes or palaces, they openly revealed the real nature of the material employed. Attention is thus drawn to the ephemeral nature of the exhibition, by means of the perishable quality of the materials from which it is assembled. By virtue of the support and the *mise en scène*, the objects acquire a strength they do not always really possess. We might say that the fact of being exhibited gives them character; that in being put on show they are personalized and affirmed, taking on a life of their own, as if by magic. This magic in the display of the object found its maximum exponent in the figure of Achille Castiglione, a real *wizard* in the creation of objects, who extended his genius to their presentation. With Castiglione the positioning of the objects on the supports, the lighting and the care devoted to

F. Albini, Sala del Plomo y del Zinc, Feria de Milán, 1941.
F. Albini, con Franca Helg, Restauración e instalación del museo del Palazzo Rosso, Génova, 1952-1961.

F. Albini, Lead and Zinc Room, Milan Fair, 1941.
F. Albini, with Franca Helg, Restoration and installation of the museum in the Palazzo Rosso, Genoa, 1952-1961.

una idea global en la cual el objeto no tiene sino una misión complementaria, y cuyo máximo interés reside en su comprensión por parte del espectador. Así, no se trata tanto de mostrar como de hacer partícipe al sujeto de una serie de vivencias que le aporten, en la mayoría de los casos, suficiente información como para que sea capaz de juzgar, valorar y finalmente entender la idea que se le esta exponiendo. Exponer ideas, más que exponer objetos, y hacer partícipe al sujeto de la acción en la que esto se produce sería, pues, el objetivo de esta manera de trabajar. Deudora de las tendencias artísticas que se desarrollan a mediados de los años sesenta a través de instalaciones o *performances*, esta tendencia tiene su más claro exponente arquitectónico en los trabajos de Hans Hollein.

Hollein diseña el pabellón de Austria para la Trienal de Milán de 1968. Destinado de antemano a mostrar productos de fabricación propia, el pabellón se resuelve con la construcción de 17 pasillos de distinta longitud, cada uno de los cuales está destinado a aportar una sensación distinta a la persona que lo atraviesa. Por ejemplo, un corredor que va estrechándose en su interior remite al sujeto a la sensación que produce el fuerte incremento de población que esta sufriendo el país, o bien una simulación de tormenta de nieve lo relaciona con la amplia zona montañosa sobre la que se asienta Austria. Corredores simplemente coloreados en los chillones colores tan de moda en los setenta —naranja o azul eléctrico— pretenden aportar una sensación de inmersión en un magma colorista capaz de invadirlo todo. Uso del color o de mecanismos sencillos para producir sensaciones fuertes al sujeto, tan del agrado de las instalaciones artísticas de la época.

Junto a Hollein pronto veremos a algunos diseñadores italianos combinando ambas actitudes, especialmente a Castiglione y a Gae Aulenti quienes supieron incorporar a sus trabajos con objetos criterios de percepción más generales, creando atmósferas y recorridos capaces de influir sobre el sujeto no sólo por la calidad de los objetos sino por la calidad del lugar en que los situaban. Sin embargo, donde este modo de trabajar encontrara más rápidamente un marco propio en el que desarrollarse será en Estados Unidos. La aparición de Robert Venturi en el panorama arquitectónico de los años sesenta, precedida por la eclosión del pop en el mundo del arte, redefinirá, a partir de las bases creadas por Hollein, los conceptos de exhibición y escenografía. La propuesta de Venturi para el Franklin Court de Filadelfia en 1972 es, quizás, el más claro ejemplo del uso de la escenografía para la construcción de un lugar. Venturi se propone con este trabajo arreglar la zona donde Benjamin Franklin residía en Filadelfia. Desaparecida su casa, él la reconstruye virtualmente con una estructura metálica que reproduce su volumen, situando bajo ella una exposición en la que se reproducen escenas de la vida del estadista. La recreación del lugar mediante sistemas que mezclan el pop con las primeras manifestaciones del *postmodern* sientan las bases de una manera de trabajar que, con el tiempo, hallará su expresión más comercial en los parques temáticos de los años ochenta y noventa.

La traslación de esta situación al mundo de la arquitectura es, en el caso de Venturi, inmediata. Su propuesta para el National Football Hall of Fame es un buen ejemplo, tanto por su exterior, donde el edificio se convierte en un anuncio de lo que alberga, como por su interior, donde el carácter expositivo del edificio define su morfología al erigirse en un corredor sobre el que se proyectan imágenes, construyendo así una arquitectura virtual sobre la propia arquitectura.

En el caso de Hollein, la actitud que había desarrollado en sus exhibiciones se traslada a sus instalaciones para interiores, especialmente en las tiendas Retti y Christa Metek en Viena de mediados de los años sesenta y, sobre todo, en las diversas oficinas para la Agencia de Viajes Austriaca construidas en los años setenta. En estas últimas, la idea de viaje se desarrolla de una forma completamente escenográfica, construyendo alrededor del usuario, mediante una narrativa puramente teatral, una atmósfera que le introduce en lo que Hollein denomina el "mágico mundo de los viajes".

En los años ochenta, Hollein tuvo aún la oportunidad de crear un montaje para el que perfeccionó su propia técnica, obteniendo unos resultados de gran belleza y de increíble eficacia, con motivo de la conmemoración de los trescientos años del sitio turco a Viena, en el cual la calidad de los objetos expuestos se apoyaba en una presentación basada en una instalación de éstos a medio camino entre la ironía y la épica.

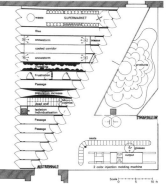

Hans Hollein, Austriennale,
Trienal de Milán, 1968-1969.

**Hans Hollein, Austriennale,
Milan Triennial, 1968-1969.**

Hans Hollein, Exposición
conmemorativa de los trescientos
años del sitio turco a Viena, 1983.

**Hans Hollein, Exhibition
commemorating the three-
hundredth anniversary of the
Turkish siege of Vienna, 1983.**

Venturi & Rauch, Franklin Court,
Filadelfia, Pensilvania, 1972.

Venturi & Rauch, Franklin Court,
Philadelphia, Pennsylvania, 1972.

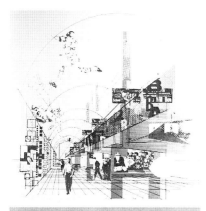

Venturi & Rauch, National Football
Hall of Fame, 1967.

Venturi & Rauch, National Football
Hall of Fame, 1967.

the surroundings take on an almost circus-like quality in which simulation, illusion and speculation are the instruments employed.

A different current manifested itself in the mid sixties, not as a contrast to but as a logical consequence of that approach to the exhibiting of objects and understanding the relationship between these and the spectator. Here the engagement is centred not so much on attention to the object on show as on an overall idea, in which the object has no more than a complementary mission and where the greatest interest lies in the comprehension of this by the spectator. The aim, then, is not to show something to people but to involve them as participants in a series of experiences which will, in most cases, provide them with sufficient information for them to be capable of judging, evaluating and ultimately understanding the idea that is being presented to them. The putting forward of ideas rather than the exhibiting of objects, and the participative involvement of the subject in the action in which these ideas are embodied was thus the objective of this way of working. Clearly influenced by the new art movements that emerged in the mid sixties, with their installations and performances, this tendency found its most direct architectonic expression in the works of Hans Hollein.

Hollein designed the Austrian pavilion for the Milan Triennial in 1968. Conceived from the outset with the purpose of exhibiting the products of the country, the pavilion was constructed in the form of 17 corridors of different lengths, each one designed to arouse a different sensation in the person walking along it. For example, one corridor became progressively narrower, evoking in the visitor the sensation associated with the rapid increase in population which Austria was then undergoing; in another, a simulation of a snowstorm directly related the visitor to the pavilion with the climate of the country's mountainous topography. Corridors simply coloured with the strident tones that were in fashion in the sixties —orange or electric blue— created a sensation of immersion in a colourist magma capable of invading everything. A similar use of colour and of simple mechanisms for producing strong sensations was, of course, much favoured by the installation artists of the period.

Alongside Hollein, a number of Italian designers soon began combining these two attitudes, in particular Castiglione and Gae Aulenti, who managed to incorporate into their work with objects more general criteria of perception, creating atmospheres and itineraries capable of influencing the subject not only through the quality of the objects but also through the quality of the space in which these were situated. However, it was in the United States that this way of working was most quickly to find a favourable context in which to develop. The emergence of Robert Venturi on the architectural panorama of the sixties, preceded by the advent of Pop in the world of art, was to redefine the concepts of exhibition and set design created by Hollein from their very foundations. Venturi's proposal for Franklin Court in Philadelphia in 1972 is perhaps the clearest example of the use of set design in the construction of an urban spatial complex. In this work Venturi set out to remodel the area in Philadelphia where Benjamin Franklin once lived. As the Franklin house had been demolished, Venturi occupied its site with a virtual reconstruction with a metal structure which reproduces the original volume, and laid out below it an exhibition space presenting scenes from the life of the great statesman. The recreation of the site on the basis of systems which mix Pop with early manifestations of postmodernism laid the bases for a way of working which was in due course to find its most commercial expression in the theme parks of the 80s and 90s. In Venturi's case the translation of this situation into the world of architecture was immediate. His proposal for the National Football Hall of Fame is a good example of this, as much for its exterior, where the building presents itself as an advertisement for what it contains, as for its interior, where the building's expository character defines its morphology, where it takes the form of a corridor in which the projected images serve to construct a virtual architecture on the basis of the real architecture.

Estas dos maneras de comprender y desarrollar una exposición: bien atendiendo y dando protagonismo al objeto que se expone o bien, por el contrario, centrándose más en el sujeto que contempla esa exposición, han convivido civilizadamente hasta bien entrada la década de los años noventa. Así se hace patente en buena parte de los trabajos que aquí se presentan que, o bien se adscriben a una u otra manera, o bien comparten ideas y planteamientos de ambos en una especie de híbrido estilístico.

Diríamos que en la selección que recoge *Arquitectos a escena* se aprecia más un cierto continuismo con la tradición cultural de los últimos años que un afán de ruptura o, si más no, de revisión, aunque no por ello dejemos de encontrar espléndidos trabajos como *El Dublín de James Joyce* de Daniel Freixes o *Jujol, arquitecto* de Pepe Llinás, por ejemplo, que culminan lo que sería una manera de entender lo expositivo que, cimentándose en la tradición italiana del culto por el objeto, son capaces de incorporar el desenfado del *pop* o la ambientación escenográfica a la manera de Hollein.

Sin embargo, en algunos trabajos podríamos observar un cierto interés por desprenderse tanto del objeto como del sujeto en favor de una mayor introspección en los propios sistemas de elaboración. Los trabajos de Enric Miralles, por ejemplo, y no sólo el aquí presentado, *De l'espai no t'en refiis mai*, sino en general sus diseños para exposiciones de obra propia, rebasan ampliamente la relación entre soporte y objeto al tiempo que rehúyen la creación de una atmósfera específica en la que embeber al sujeto. Ocurre lo mismo en el montaje de Daniel Libeskind en Oslo, el de Yago Conde y Bea Goller en Vic o el de Beth Cantallops y Pere Ortega en Lisboa. Para ellos, espectador, objeto y soporte son material equivalente en la construcción de la exposición. No se trata, pues, de "algo" para ser visto por "alguien", para lo cual se "presenta" de una forma determinada, sino que el "qué", el "quién" y el "cómo" actúan ensamblados, llegando a confundirse entre sí.

Esta actitud tiende, sin duda, a revisar la manera de exponer pero, sobre todo, la manera de mirar del espectador y, por tanto, de ser retenida pero, a diferencia de los montajes pop, con una ausencia total de mensaje previo. No hay pues una idea preconcebida que deba transmitirse, no hay por tanto objeto específico ni sujeto, en el sentido de individuo concreto. En la escenografía actual, objeto y sujeto tenderían a sumarse en la construcción de un material común, sin distancia entre las partes, incapaz de cerrar ninguna lectura específica, abierto por tanto a cualquier observación. Diríamos que la exposición no expone nada, no representa nada, no es la abstracción de nada, ni siquiera de sí misma, sino que es un hecho real, vivo y capaz, como cualquier objeto que pudiera exponerse o como cualquier idea que quisiera transmitirse.

Hollein went on to apply the approach developed in the exhibition designs in his installations for interiors, especially in the *Retti* and *Christa Metek* shops in Vienna in the mid 60s, and above all in the series of offices for the *Austrian Travel Agency* which he built during the 70s. In these, the idea of travel is developed in a way that is completely scenographic, employing a thoroughly theatrical narrative to construct around the users an atmosphere that introduces them into what Hollein called the "*magical world of travel*".

In the eighties, Hollein was given an opportunity to create a montage for which he perfected his own technique, obtaining results of great beauty and remarkable effectiveness, to commemorate the three-hundredth anniversary of the Turkish siege of Vienna. Here the quality of the objects on show was underpinned by a presentation based on an approach that lay somewhere between the ironic and epic.

These two approaches to the conception and development of an exhibition —the one focusing on and giving pride of place to the object on show; the other, in contrast, centred more on the subject who contemplates the exhibition— have coexisted in perfect harmony until well into the nineties. Thus a considerable number of the works presented here either subscribe to one approach or the other, or combine ideas and postulates from both in a kind of stylistic hybrid.

It could be said that the selection put forward in *Architects on stage* is marked more by a certain continuity with the cultural tradition of recent decades than by any attempt at a break with or revision of that tradition, although without excluding such splendid works as *El Dublín de James Joyce* by Daniel Freixes or *Jujol, arquitecto* by Pepe Llinás, for example. As the culmination of what can be seen as a way of understanding the expository phenomenon in terms of the Italian tradition of the cult of the object, both Freixes and Llinás effectively incorporated the relaxed cool of Pop or the ambient staging of Hollein.

At the same time, however, we might discern in some of these works a certain interest in marking a distance from both the object and the subject in favour of a more introspective attention to the actual systems of elaboration. The work of Enric Miralles, for example, and not only the one presented here, *De l'espai no t'en refiïs mai*, but his designs for exhibitions of his own work in general go well beyond the relationship between support and object, while at the same time avoiding the creation of a specific atmosphere into which to insert the subject. We find the same thing in the montage by Daniel Libeskind in Oslo, in the one by Yago Conde and Bea Goller in Vic or the one by Beth Cantallops and Pere Ortega in Lisbon. For them, spectator, object and support are all equally important as materials in the putting together of the exhibition. So it is not a question, then, of a "something" to be looked at by a "somebody", for which it "presents itself" in a certain way; instead, the "what", the "who" and the "how" are brought together as an integrated whole, overlapping and interpenetrating one another.

This approach undoubtedly tends towards a revision of the way of exhibiting and above all of the spectator's way of looking, and thus to be retained, but unlike the Pop montages it is entirely without a previously determined message. Thus there is no preconceived idea that has to be transmitted, there is neither specific object nor subject, in the sense of a concrete individual. Object and subject in set design today tend to come together in the construction of a common material, with no distance between the constituent parts, incapable of closing any specific reading, and thus open to any observation. It could be said that the exhibition exhibits nothing, represents nothing, is the abstraction of nothing, not even of itself, but is itself a reality, a factual presence, like any object that might be exhibited or any idea that might be transmitted.

PROYECTOS
PROJECTS

JOSEPH SVOBODA

DANIEL LIBESKIND

TOD WILLIAMS & BILLIE TSIEN

JOHN PAWSON

COOP HIMMELB(L)AU

ZAHA HADID

FRANK GEHRY

VENTURI, SCOTT BROWN & ASSOCIATES

ACHILLE CASTIGLIONI

JEAN NOUVEL

IÑAKI ABALOS & JUAN HERREROS

DILLER & SCOFIDIO

PEPE LLINAS

ENRIC MIRALLES

TOYO ITO

DANIEL FREIXES & VARIS ARQUITECTES

BETH CANTALLOPS & PERE ORTEGA

YAGO CONDE & BEA GOLLER

COMA, GILI, O'FLYNN, LELYVELD, SCHULZ-DORNBURG

MARK FISHER

Escenografía para *La Traviata* de G. Verdi
Teatro di Macerata, Italia, 1993.

Set design for *La Traviata* by G. Verdi
Teatro di Macerata, Italy, 1993.

El Teatro di Macerata consiste en un escenario natural de 100 metros de longitud situado en un contexto urbano excepcional. La contundencia y la desnudez del espacio al aire libre parece entrar en conflicto con los requerimientos escénicos de *La Traviata*. La obra de Verdi exige una puesta en escena en un teatro clásico con boca de escena y telón en la que la vinculación estética y cultural de la escenografía resulta indisociable de los salones aristocráticos italianos del siglo XIX.

Por esta razón, el punto de partida de la escenografía creada por Svoboda no es otro que la utilización de ocho telones pintados de 12 x 25 m, similares a los que hubieran decorado el escenario en una representación convencional. Las pinturas mantienen incluso la figuración romántica y los tonos suaves y acuarelados tan necesarios para la contextualización del drama. Svoboda, sin embargo, los utiliza de forma radicalmente distinta. Los telones se depositan en el suelo del escenario tendidos uno sobre el otro de modo que cada escena se desarrolla sobre su propio decorado. Éste y los actores que evolucionan sobre él se reflejan en un inmenso espejo suspendido a 45°. El público contempla la escena presidida por un telón de fondo que contiene, a la vez, la imagen cenital de la actuación reflejada verticalmente. La acción real y su imagen virtual construyen un espacio multidimensional con unas posibilidades expresivas ilimitadas. La iluminación es muy simple y se limita a dar visibilidad al ambiente. La escena queda definida con los mínimos elementos y los actores pueden moverse libremente en una atmósfera unitaria de elementos materiales e imaginarios.

El gran espejo reposa inicialmente sobre el suelo, de tal manera que, al llegar al teatro, el espectador no ve nada más que el inmenso escenario vacío. Con la obertura, el espejo es izado paulatinamente hasta adoptar la posición en que refleja el primer decorado: una boca de escena con telón tradicional.

Las escenas se suceden arrastrando a lado y lado cada una de las dos mitades de las que están formados los telones. Al recoger el primero, aparece el segundo y así sucesivamente, de modo que, por breves instantes, coexisten porciones de ambas imágenes. Este procedimiento confiere un fuerte carácter cinético a cada cambio de escena. Svoboda escenifica *La Traviata* como un puro proceso de despojamiento. La progresión dramática culmina en la escena final sobre el escenario desnudo de madera que aparece una vez se ha descorrido el último telón figurativo. De un mundo superfluo, opulento y virtual, la protagonista lo pierde todo, amor, propiedades y, finalmente, la vida. Con los aplausos, el espejo se inclina levemente reflejando a todo el público en pie, emocionado.

The Teatro di Macerata is a natural theatre 100 metres long, situated in an exceptional urban context. The nakedness and uncompromising presence of the open-air space appears at first sight to come into conflict with the staging requirements of *La Traviata*. Verdi's opera calls for a *mise en scène* in a classical theatre with a picture-frame stage and a curtain, in which the aesthetic and cultural characteristics of the set design are unmistakably associated with the aristocratic salons of 19th-century Italy.

This being the case, the point of departure for Svoboda's set design was a series of eight painted backcloths measuring 12 x 25 m each, similar to those that would have decorated the stage in a conventional production. These paintings even manifested the Romantic figuration and the soft watercolour tones so essential in providing the context for drama. Svoboda, however, utilized the backcloths in a radically different way, spreading them out on the floor of the stage and laying them on top of one another in such a way that each scene was developed on its own set. Both the set and the actors who performed on it were reflected in an immense mirror suspended above the stage at an angle of 45°. The audience contemplated the scene presided over by a backdrop which also included the reflected image of the performance as seen from above, so that the real action and its virtual image constructed a multidimensional space with unlimited expressive possibilities. The lighting was very simple, its function being limited to making the space and the action visible. Each scene was defined with the minimum of elements, so that the actors could move around freely in a unitary atmosphere of tangible and imaginary elements.

At the start of each performance the large mirror rested on the floor, so that on entering the theatre the spectators saw nothing but the immense empty stage. With the overture, the mirror was gradually hoisted into the position in which it reflected the first set; a proscenium arch with a traditional curtain.

Between one scene and the next the backcloths, each of which was in two halves, were hauled off into the wings on either side of the stage. As the first was hauled away the second was revealed, and so on, in such a way that for a few moments the audience could see portions of both images. This procedure gave the changes of scene a markedly cinematic character. Svoboda staged *La Traviata* as a pure process of stripping down. The dramatic progression culminates in the final scene, acted out on the naked boards of the stage, which is laid bare when the last figurative backcloth has been pulled away. From a superfluous, opulent and virtual world, the heroine loses everything she had —love, property and finally life itself. As the audience applauds, the mirror tilts back slightly to reflect all of the spectators on their feet, thrilled and moved.

Joseph Svoboda, *El pájaro de fuego*, Igor Stravinsky, Copenhague, 1972.
Joseph Svodoba, *Tannhäuser*, Richard Wagner, Londres, 1973.

Joseph Svoboda, *The Fire Bird*, Igor Stravinsky, Copenhagen, 1972.
Joseph Svodoba, *Tannhäuser*, Richard Wagner, London, 1973.

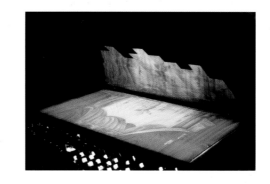

Escenografía y diseño de vestuario para
***The Architect* de D. Greig**
Oslo National Theatret, Copenhague, 1997.

The Architect es una parábola del mundo
contemporáneo que utiliza la arquitectura como
su símbolo básico. La capacidad de la arquitectura
de funcionar como un sistema de representación
de la realidad a partir de un número concreto de
componentes elementales y su propia condición
efímera son partes fundamentales de la puesta
en escena.
Libeskind trabaja sobre la forma, el color y el
movimiento siguiendo un procedimiento análogo
al de la composición musical.
La escenografía se organiza sobre un plano
inclinado a 45° en el que se interseccionan unas
plataformas horizontales por las que se mueven
los actores. Con simples cambios de iluminación,
el plano inclinado puede percibirse como la
superficie del suelo, como la fachada de un
edificio o incluso desaparecer virtualmente.
Sobre este escenario se desarrolla una coreografía
en la que intervienen los actores, la música, la
luz, el color y medio centenar de objetos
arquitectónicos abstractos. Superficies alabeadas
verticales y oblicuas, tramos de escalera, planos
de distinta longitud con aberturas diversas,
elementos lineales verticales y horizontales, todos
ellos de colores distintos, estan suspendidos de
la caja de escena y pueden moverse libremente
adoptando distintas configuraciones que alteran
el sentido del espacio en el que se desarrolla la
acción. Sin perder su carácter fragmentario
elemental y autónomo construyen y deconstruyen
sucesivamente los distintos escenarios de la obra:
el emplazamiento en el que el arquitecto ha
proyectado el edificio, el jardín, el lavabo público,
la autopista, la casa, el comedor y el dormitorio
del arquitecto, el aparcamiento de camiones, la
azotea del rascacielos, el jardín de Edén, un bar
gay, la *morgue* y la oficina del arquitecto.

Set and costume design for *The Architect*
by D. Greig
Oslo National Theatret, Copenhagen, 1997.

The Architect is a parable of the contemporary
world which utilizes architecture as one of its
key simbols. Architecture's capacity to function
as a system for the representation of reality
on the basis of a limited number of elementary
components, and its own ephemeral condition
are fundamental aspects of the mise en scène.
Libeskind works with form, colour and
movement, adopting an approach analogous
to that of musical composition.
The set design is laid out on a plane inclined
at an angle of 45°, with three intersecting
horizontal platforms on which the actors move.
Simple changes in the lighting allow the
inclined plane to be perceived as a floor
or the facade of a building, or even to seem
to disappear.
On this scenario there is developed a
choreography in which actors, music, lighting,
colour and some fifty architectural objects
all intervene. Vertical and oblique warped
surfaces, flights of stairs, planes of different
lengths with various openings and vertical
and horizontal linear elements, all in different
colours, are suspended from the flies, and
can be moved freely to assume different
configurations which serve to alter the
perception of the space in which the action
takes place. Without abandoning their
elementary and autonomous character, they
successively construct and deconstruct the
different scenes of the play: the site for which
the architect has designed his building,
a garden, a public toilet, a motorway, a house,
the architect's dining room and bedroom, a
lorry park, the roof of a skyscraper, the Garden
of Eden, a gay bar, the city mortuary and the
architect's office.

Daniel Libeskind, maqueta para la
escenografía de *La Metamorfosis*
de Franz Kafka, Gladsake Theatre,
Copenhague, 1994.
King Vidor, *The Fountainhead*, 1948,
el arquitecto H. Roark (Gary Cooper),
ante la maqueta del edificio.

Daniel Libeskind, model for
the set of Franz Kafka's
***Metamorphosis*, Gladsake**
Theatre, Copenhagen, 1994.
King Vidor, *The Fountainhead*,
1948, the architect H. Roark,
(Gary Cooper), in front of the
model of the building.

COLOR PALETTE

ACT 1

SETTING

SPACE FOR ROSES

CONCRETE APPROACH

MOTORWAY DRESS

ARCHITECTURAL OBJECTS

PUBLIC TOILET   PUBLIC TOILET

CONSTRUCTION SITE   PUBLIC TOILET IN A CUBICLE   IN THE STREETS

HIGHWAY

GARDEN

BEDROOM   CAB OF LORRY   THE ARCHITECT'S HOME / DINING ROOM

A		STRUCTURE	C			A B A		C A C		B C		C		B		A

1	2	SCENES	3			4 5 6		7 8 9		10 11		12		13		1

CHARACTERS

LEO BLACK, the architect
PAULINA BLACK, his wife
MARTIN BLACK, his son
DOROTHY BLACK, his daughter
JOE, the delivery man
BILLY, the road sweeper
SHEENA MACKIE, a campaigner

OBJECTS

CHOREOGRAPHY   1   2

SOUND

ACT 2

GREEN SITUATION

NATURAL EXPECTATION

TWENTY FLOORS

AVAILABLE EDGE

PERFUME MOVEMENT

RICH MOMENT

INTERESTING MISTAKE

SUBURBAN FACE

MOTHERLY SOUND

BACK OF A
CONTAINER
LORRY

WITHIN EDEN COURT   GAY BAR

BALCONY OF AN EDEN
COURT BLOCK

THE
ARCHITECT'S
HOUSE

THE ARCHITECT'S OFFICE

MORGUE

EDEN COURT FLAT

| D | B | D | B | A | | D | | B | | A | | C | | A | D | D | D | | D | B | | D | B | | C | B | | A | | C | A | B | D |

| 18 | 19 | 20 | 21 | 22 | | 3 | | 4 | 5 6 | | 7 8 | | 9 | 10 | 11 | 12 | | 13 | 14 | | 15 | 16 | | 17 | 18 | | 19 | | 20 | 21 | 22 | 23 |

SECTION

4   5   6   7

Escenografía y diseño de vestuario para
The World Upside Down
Amsterdam y Nueva York, 1990-1991.

Tod Williams y Billie Tsien fueron invitados por la coreógrafa Elisa Monte a colaborar en el diseño de la escenografía para el espectáculo de danza *The World Upside Down (El mundo al revés)*. La obra está basada en la transformación que sufre un determinado orden social que se subvierte. Para expresar esta idea, los arquitectos se plantean la posibilidad de reinterpretar el más simple de los decorados posibles: el telón de fondo. Así, surge la imagen de una pantalla que, sensible a la luz, a la música y al movimiento, toma cuerpo y se convierte en un protagonista más de la coreografía.
Una lámina de plástico traslúcido está fijada sobre una estructura tridimensional de aluminio articulada sobre ruedas. Según la procedencia de la luz, el público participa de lo que ocurre delante y detrás de la pantalla. Es suficientemente ligera como para ser izada por los sistemas elevadores de un escenario convencional, fácilmente desplazable por una o varias personas, capaz de cambiar su angulación 340° mientras está en movimiento y entrar en voladizo por encima del foso de la orquesta una tercera parte de su longitud.
El vestuario también expresa la idea de mutabilidad y transformación. Así, por ejemplo, unos jerseys con franjas de color fluorescente pueden convertirse en pantalones con un simple gesto en plena acción.
El interés por la luz y la sombra como materia esencial de la representación y la relación elemental entre el cuerpo humano y un plano arquitectónico abstracto no sólo enlazan esta obra con los planteamientos escénicos del teatro de vanguardia, sino que la entroncan con una forma ancestral del teatro con sombras que nos remite a los orígenes del arte y la cultura.

Set and costume design for *The World Upside Down*
Amsterdam and New York, 1990-1991.

Tod Williams and Billie Tsien were invited by the choreographer Elisa Monte to work on the design of the set for the dance performance *The World Upside Down*. This work is based on the transformation undergone by a certain social order which is subverted.
In order to express this idea the architects explored the possibility of reinterpreting the simplest of all possible sets: the backcloth. This led them to the image of a screen which, in responding to the light, the music and the movement, takes on substance and becomes yet another protagonist of the choreography. A sheet of translucent plastic is attached to an articulated three-dimensional aluminium structure on wheels. According to the source of the light, the audience participates in what is taking place in front of and behind the screen. This is light enough to be raised by the fly-lifting systems of a conventional stage, it can be moved easily by even one or two people, and its angle can be changed by up to 340° while in movement. It can also have up to a third of its length projected out over the orchestra pit.
The costumes, too, express the idea of mutability and transformation. Jerseys with strips of fluorescent colour can be converted into trousers in the middle of the action by means of a simple gesture.
The interest in light and shade as the essential material of representation and the elemental relationship between the human body and an abstract architectural plan not only link this work with the staging philosophy of avant-garde theatre, but also connect with the ancestral form of shadow theatre, which refers us back to the origins of art and culture.

Leçon de jeux d'ombres,
estampa 1652.
Oskar Schlemmer, juego de luz con proyector y transparencia, 1928.

Leçon de jeux d'ombres,
engraving 1652.
Oskar Schlemmer, light show with projector and slide, 1928.

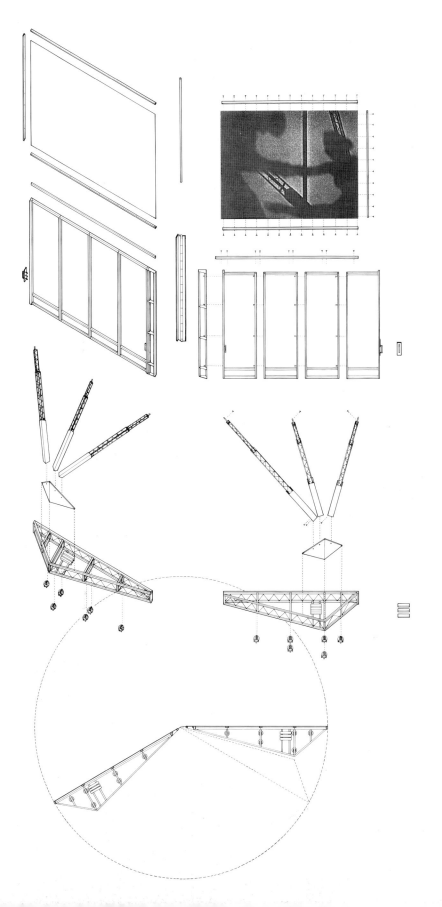
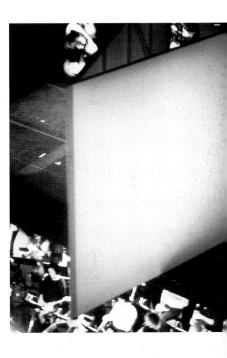

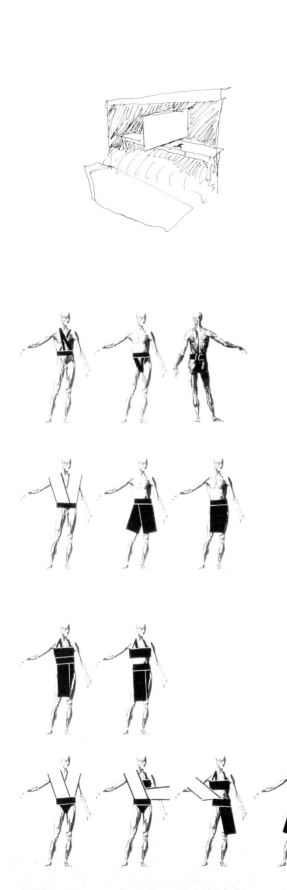

**Exposición *Lucie Rie and Hans Coper:
Potters in parallel***
Barbican Art Gallery, Londres, 1997.

Al igual que su arquitectura, la escenografía de
John Pawson está íntimamente relacionada con
la luz. La luz como principio y fundamento de la
visión, pero también como (in)material
constructivo. Pawson somete el espacio y la forma
a un despojamiento máximo de lo superfluo y
accesorio para poner en evidencia las cualidades
de las cosas. Define un nuevo escenario para
reestablecer la relación entre sujeto y objeto.
La luz, por lo tanto, como material mágico
asociado a procesos de revelación de lo oculto.
Los propios materiales con los que construye
exponen sus superficies sensibles a la luz como
si su textura fuera el resultado de una impresión
o huella de un proceso fotográfico. La luz toma
cuerpo en sus paredes de cristal transparente o
traslúcido, en estucos blancos brillantes y mates,
en láminas de agua o de mármoles blancos
delicadamente veteados.
Para exponer la obra de dos de los más
importantes ceramistas del siglo, Pawson ha
concebido un muro expositor de dos caras que
atraviesa longitudinalmente el espacio dividiéndolo
en dos recorridos paralelos. Las piezas están
alojadas a lo largo de las dos vitrinas inundadas
de luz, de forma que las piezas pierden su sombra
y parecen flotar en un entorno abstracto, liberadas
de sus connotaciones funcionales o culturales.
El recorrido permite contemplar coherentemente
la obra de cada artista y ofrece la posibilidad de
establecer relación visual en los momentos en
que sus trayectorias profesionales entraron
en contacto.

**Exhibition *Lucie Rie and Hans Coper:
Potters in parallel***
Barbican Art Gallery, London, 1997.

John Pawson's set designs are, like his
architecture, very much concerned with light.
Light as principle and foundation of vision,
but also as construction (im)material. Pawson
submits space and form to a maximum
stripping away of the superfluous and
accessory in order to reveal the essential
qualities of things. He defines a new scenario
for re-establishing the relationship between
subject and object. Light is thus regarded as a
magical material associated with processes of
revealing what is concealed. The materials with
which he builds expose their sensitive surfaces
to the light as if their texture were the result of
some imprint or the trace of some
photographic process. Light takes shape in
his walls of transparent or translucent glass,
glossy and matt white plasterwork, sheets
of water and delicately veined white marble.
In order to exhibit the work of two of the most
important ceramists of this century, Pawson
came up with a two-sided display wall which
cuts longitudinally across the exhibition space,
dividing it into two parallel itineraries. The
pieces are set out in the two display cases,
which are flooded with light so that the pieces
have no shadow and seem to float in an
abstract environment, liberated from their
functional and cultural connotations. The two
itineraries favour a coherent contemplation of
the work of each artist, and offer the possibility
of establishing visual relations between them
at the moments in which their professional
trayectories come into contact.

Fachada del restaurante Wakaba,
Londres, 1987.
Pastelería Cannelle, Londres, 1988.

Frontage of the Wakaba
Restaurant, London, 1987.
Cannelle Pâtisserie, London, 1988.

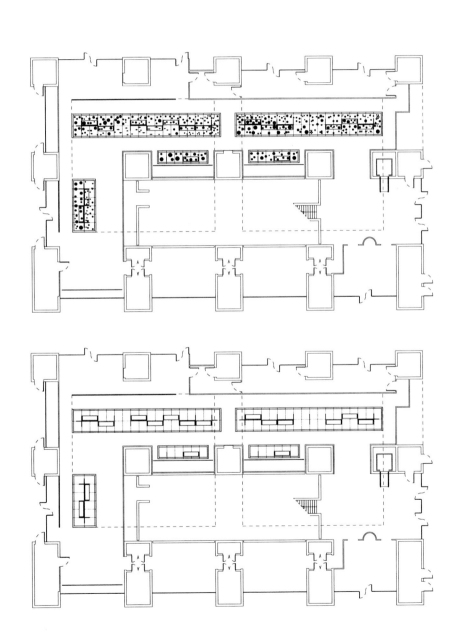

Exposición *The Art of the Motorcycle*
Guggenheim Museum, Nueva York, 1998.

El museo Guggenheim ha encargado recientemente a Frank Gehry el diseño de la exposición *The Art of the Motorcycle*, en la que se muestra la evolución del diseño industrial de motocicletas desde su aparición a finales del siglo XIX hasta nuestros días. La exposición, además de presentar una extensa colección de modelos, pretende evidenciar su potencial simbólico e iconográfico y su importancia en el desarrollo de otras disciplinas creativas.

La estructura del edificio juega un papel decisivo en la intervención de Gehry. Todavía parece resonar en los oídos de los visitantes la descripción por la que se conocía al edificio de Wright como un "garaje moderno que alberga obras de arte".

El proyecto de Gehry no hace más que abundar en la idea de desarrollo lineal de una banda o bandeja de exposición que se ondula y se repliega sobre sí misma para conformar el edificio.

Las motocicletas se exponen sobre unas tarimas en forma de pista o carretera que adopta la forma adecuada exigida por los modelos expuestos. Cuando se muestran motocicletas de motocross, la banda se ondula alarmantemente formando montículos. Cuando se muestran motocicletas de velocidad, la banda se eleva y se curva peraltada reproduciendo una pista de pruebas. La utilización de este tipo de curvas alabeadas enfatiza y alarga el recorrido uniforme del museo.

El antepecho de las rampas que dibujan la espiral de la rotonda central ha sido recubierto en toda su extensión por unas facetas de metal reflectante. Cada lámina se superpone levemente a la siguiente como las escamas de un pez, de forma que cada faceta refleja una imagen con un punto de vista ligeramente desplazado respecto del anterior. El resultado evoca la imagen de una secuencia cinematográfica protagonizada por el espectador, las motocicletas y el espacio que los alberga.

Exhibition *The Art of the Motorcycle*
Guggenheim Museum, New York, 1998.

The Guggenheim Museum recently commissioned Frank Gehry to design the exhibition *The Art of the Motorcycle*, showing the evolution of the industrial design of motorcycles from their first appearance at the beginning of the 20th century up until the present day. In addition to presenting an extensive collection of models, the exhibition set out to reveal the symbolic and iconographic potential of these and their contribution to the development of other creative disciplines. The structure of the building itself played a decisive role in Gehry's intervention. The visitor's ear seems to reverberate still with the description of Wright's building as a "modern garage that houses works of art".

Gehry's project set out to do little more than explore the idea of the linear development of a belt or tray for exhibiting objects which undulates and folds back on itself to configure the building.

The motorcycles were exhibited on pedestals in the form of sections of race track or road which adopted the form most appropriate to the models on show. Where it had to present moto-cross bikes, the display belt undulated dramatically, forming little hills. Where it had to show speed bikes, the belt was lifted up and cambered to recreate a test circuit. The utilization of this type of banked curve effectively emphasized and extended the museum's essentially uniform itinerary.

The entire length of the parapet around the ramps which mark out the spiral of the central rotunda was clad with reflective metal panels, with each panel slightly overlapping the next like the scales of a fish, and each facet reflecting an image with a point of view that was slightly displaced with respect to the previous one. The result evokes the image of a film sequence in which the protagonists are the spectator, the motorcycles and the space that accommodates them.

Muybridge, Secuencia de fotografías de un movimiento. Frank Gehry, en el papel de Frankie P. Toronto en *Il corso del Coltello*, Venecia, 1984.

Muybridge, sequence of photographs of a movement. Frank Gehry, in the rôle of Frankie P. Toronto in *Il corso del Coltello*, Venice, 1984.

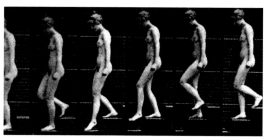 

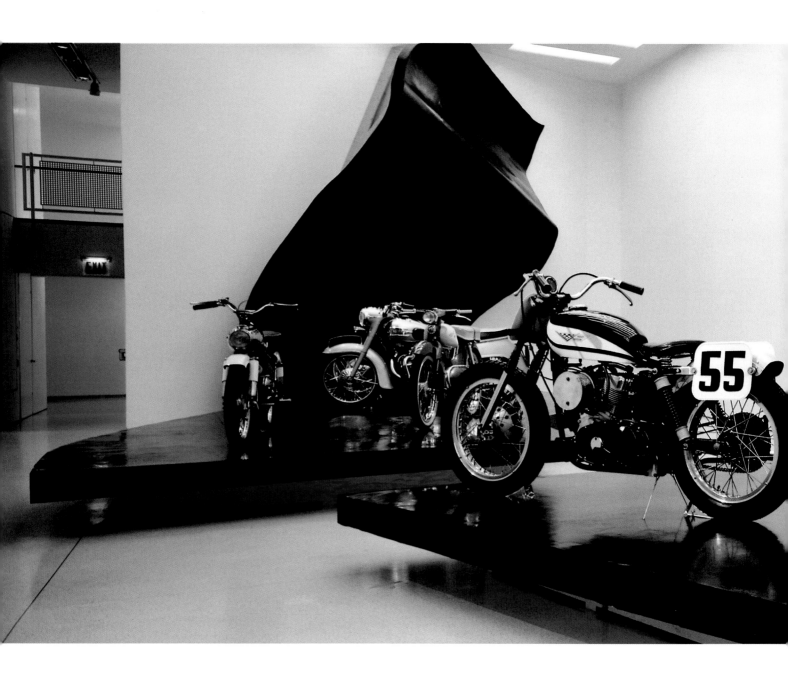

POPULAR CULTURE/
COUNTERCULTURE: 1960–1969

John F. Kennedy · Andy Warhol · Honda Super Cub
Martin Luther King, Jr. · Happenings · BSA · Malcolm X
F-111 · "Matchless" · Moon Landing · Bob Dylan
Sharpeville · Volkswagen Beetle · The Miniskirt
Joseph Beuys · Vietnam · "Naked Lunch" · Quarks
"Oh! Calcutta!" · Cuban Missile Crisis · The Beatles
"Mary Poppins" · "Barbarella" · The Supremes
"Sgt. Pepper's Lonely Hearts Club Band" · Measles
Heart Transplant · "To Kill a Mockingbird"
"Gomer Pyle" · "The Whole Earth Catalog" · U2
Gulf of Tonkin · Mickey Mantle · "Psycho"
Tet · "La Dolce Vita" · "A Hard Day's Night" · "Hair"
Methadone · "The Electric Kool-Aid Acid Test"
Watson and Crick · Cousteau · Billie Jean King
A. J. Foyt · Cassius Clay · Mobutu · "I Got You, Babe"
Astrodome · "A Clockwork Orange" · Color TV
Roger Maris · Ku Klux Klan · Green Coca-Cola Bottle
"In Cold Blood" · "Cabaret" · "Who's Afraid of
Virginia Woolf?" · Sex Change · Pop Expressionism
Op Art · "Bonanza" · Thurgood Marshall
Biafra · Oldenburg

Exposición *Expressionist Utopias*
Los Angeles County Museum of Art,
Los Ángeles, 1993-1994.

Coop Himmelb(l)au son los responsables del
diseño de la exposición *Expressionist Utopias*,
sobre la obra plástica y arquitectónica de los
expresionistas alemanes de principios del siglo xx.
La obra arquitectónica y el pensamiento de Coop
Himmelb(l)au han estado sometidos a la
fascinación por dos realidades de polo opuesto:
Ciudad y Utopía. Sus cimientos están fuertemente
arraigados en el subsuelo de la ciudad, pero una
energía liberadora les mueve a desvincularse
del suelo desafiando las leyes de la gravedad,
en un intento por alcanzar la luz que inunda el
firmamento. La mayoría de sus proyectos pueden
ser interpretados en clave de esta tensión: sus
primeras estructuras urbanas hinchables, la
Unruhige Kugel con la que los arquitectos
sumergen y disuelven sus cuerpos en la ciudad,
al mismo tiempo que una membrana les
impermeabiliza de su contacto físico; áticos
que explosionan o salen volando en busca de la
luz; y las imágenes de nubes, ángeles y pájaros
que pueblan sus proyectos. Análoga atracción
por la ciudad e idéntica tendencia a la verticalidad
y a la elevación está en la raíz del imaginario
expresionista de Bruno Taut y Paul Scheerbart.
Esta dialéctica queda reflejada en la exposición
mediante la contraposición de dos familias de
materiales del universo arquitectónico
expresionista: por un lado hormigón y acero,
a los que se confía toda la carga tectónica, y
por otro el vidrio, en quien recae el impulso de
transformación telúrica y liberación asociados
a los efectos mágicos del material: transparencia,
brillo, traslucidez, reflejos y refracciones. Las
obras se suspenden entre los muros de vidrio
que a su vez se deslizan libremente más allá
de los contornos de las paredes existentes, de
modo que las obras parecen flotar entre nuestra
mirada y su sombra. La utilización de proyectores
láser acentúa la capacidad del vidrio de
corporeizar la luz.

Exhibition *Expressionist Utopias*
Los Angeles County Museum of Art,
Los Angeles, 1993-1994.

Coop Himmelb(l)au were responsible for the
design of the exhibition *Expressionist Utopias*,
devoted to the art and architecture of the
German expressionists of the first decades
of the 20th century.
The architectural work and the thinking of Coop
Himmelb(l)au reveal their fascination with two
diametrically opposing realities: City and Utopia.
Their foundations are firmly rooted in the subsoil
of the city, but a liberating energy leads them
to cast themselves off from the ground, defying
the laws of gravity in an attempt to reach the
light that suffuses the firmament. The majority
of their projects can be interpreted in terms
of this tension: their first, inflatable urban
structures, the "Unruhige Kugel" with which the
architects submerge and dissolve their volumes
in the city, while at the same time a protective
membrane insulates them against physical
contact; attics that explode or go flying off in
search of the light and the images of clouds,
angels and birds that people their projects.
An analogous attraction to the city, and an
identical tendency to verticality and elevation
can be found at the roots of the expressionist
imaginary of Bruno Taut and Paul Scheerbart.
This dialectic was reflected in the exhibition by
the counterpointing of two classes of materials
from the expressionist architectural universe:
on the one hand, concrete and steel, which are
entrusted with all of the tectonic load, and on
the other, glass, which has to transmit the
impulse of telluric transformation and liberation
associated with the magical qualities of the
material: transparency, sheen, translucency,
reflections and refractions. The works were
suspended between the glass walls, which in
their turn moved freely beyond the boundaries
of the existing walls, in such a way that the
works seemed to float between our gaze
and their shadow. The use of laser projectors
accentuated the capacity of the glass to make
light corporeal.

Bruno Taut, pabellón de Cristal,
Colonia, 1914.
Coop Himmelb(l)au, Unruhige Kugel,
Basilea, 1971.
Coop Himmelb(l)au, Large Cloud
Scene, Vienna, 1976.

**Bruno Taut, Glass pavilion,
Cologne, 1914.
Coop Himmelb(l)au, Unruhige
Kugel, Basel, 1971.
Coop Himmelb(l)au, Large Cloud
Scene, Vienna, 1976.**

Zaha Hadid

Exposición *The Great Utopia*
Guggenheim Museum, Nueva York, 1992.

La exposición *The Great Utopia* presenta una exhaustiva selección de más de ochocientas piezas correspondientes a las vanguardias soviéticas de principios del siglo xx.
Con su diseño para la exposición, Zaha Hadid pretende enfatizar algunas ideas sobre la forma y el espacio propias de los artistas constructivistas y suprematistas de forma que el visitante las perciba dinámicamente al desplazarse por la exposición. La arquitectura de Zaha Hadid reinterpreta aquel universo formal, poblado de esferas, cilindros, espirales, planos inclinados, muros zigzagueantes y espacios penetrados por diagonales.
La exposición refleja la tendencia a abandonar el plano bidimensional como centro de gravedad de la creación plástica de vanguardia y pone en evidencia su desplazamiento hacia las artes del espacio y la vida cotidiana.
Un muro rojo en zigzag interrumpe la continuidad espacial de la rampa agitando el espacio allí donde se expone el material propagandístico. De ahí se accede a la sala principal del museo, en la que se alojan únicamente dos obras enfrentadas: El *Cuadrado rojo* de Malevich y el *Relieve de esquina* de Tatlin. Otra sala contiene las obras de la exposición *0.10* concebida por El Lissitzky, en la que los cuadros se colgaron como una "tormenta de pinturas" siguiendo la forma de colgar los cuadros del propio Malevich. Una vitrina en forma de *boomerang* protege la colección de cerámica. Más adelante se experimenta con la desmaterialización de las obras que parecen flotar en el espacio de una sala oscura. Al llegar al nivel superior, nos encontramos con un enorme globo blanco que emerge del suelo, evocando el sentimiento de fuerzas gravitatorias. Protegidas por su perímetro parecen flotar unas construcciones suspendidas del techo.

Exhibition *The Great Utopia*
Guggenheim Museum, New York, 1992.

The exhibition *The Great Utopia* presented an exhaustive selection of more than eight hundred pieces from the Russian avant-garde movements of the early years of the 20th century.
With her design for the exhibition, Zaha Hadid was concerned to emphasize some of the ideas about form and space propounded by constructivist and suprematist artists, in such a way that the visitors would perceive these dynamically as they moved around the exhibition. Zaha Hadid's architecture effectively reinterpreted that formal universe of spheres, cylinders, spirals, inclined planes, zig-zagging walls and spaces penetrated by diagonals.
The exhibition set out to reflect the tendency to abandon the two-dimensional plane as the centre of gravity of avant-garde artistic creation and clearly reveals the shift towards the arts of physical space and everyday life.
A zig-zagging red wall interrupted the spatial continuity of the ramp, agitating the space in which the propaganda material is set out. The itinerary then moved on to the museum's main exhibition room, with only two works on opposite walls: *Red square* by Malevich and *Corner relief* by Tatlin. Another room contained the works shown in the *0.10* exhibition conceived by El Lissitzky, in which the pictures were hung in such a way as to constitute a "storm of paintings", following Malevich's own personal practice in the hanging of paintings. A boomerang-shaped display case protected the collection of ceramic pieces. A little further on, Hadid experimented with the dematerialization of the works, which seemed to float in the space of a darkened room. On arriving at the upper level the visitor encountered an enormous white globe which emerged from the floor, evoking a sense of gravitational forces. In the shelter of this globe, a number of constructions seemed to float suspended from the ceiling.

Kasimir Malevich,
exposición *0.10*, 1918.
Vladimir Tatlin, maqueta de
Monumento para la III Internacional.

Kasimir Malevich,
***0.10* exhibition, 1918.**
Vladimir Tatlin, model of his
***Monument to the 3rd International*.**

ian and Soviet Avant-Garde, 1915–1932

Exposición sobre la obra de VSBA

Institute of Contemporary Art, University
of Pennsylvania, Filadelfia, 1993.

El diseño de esta exposición aborda algunas de las dificultades inherentes a toda exposición de arquitectura.
Por su propia naturaleza, las exposiciones de arquitectura implican otras fuentes secundarias: dibujos, fotografías y maquetas. Aunque estos elementos puedan ser artísticos en sí mismos, no coinciden exactamente con lo que trata la arquitectura: es decir, edificios tridimensionales que involucran espacio, estructura y simbolismo. El diseño de esta exposición utiliza tres elementos tradicionales: dibujos originales, fotografías (mediante la proyección de diapositivas a gran tamaño) y maquetas, y añade un cuarto elemento que consiste en grafismos para describir en palabras una arquitectura de ideas. El uso de grafismos en vinilo, a pequeña y gran escala, resulta al mismo tiempo sustancial y decorativo y amplía la oportunidad de hacer explícito el contenido de las propuestas intelectuales y arquitectónicas. Las maquetas y dibujos proporcionaron un contrapunto visual de pequeña escala al grafismo y las proyecciones de gran tamaño.
En la raíz de toda la obra de VSBA puede reconocerse una profunda reflexión sobre el lenguaje y su potencial significativo. Su arquitectura se resuelve en la precisa adecuación entre pensamiento y acción, entre forma y contenido, como únicos instrumentos eficaces para representar la complejidad de la realidad física que nos envuelve. Texto, signo y símbolo se convierten en materiales constitutivos de la obra. Esta exposición sobre la propia obra de los arquitectos refleja este convencimiento: *"Cuando mis ideas sobre la construcción superan mis oportunidades de construir, pongo las ideas en palabras en lugar de ladrillo y mortero".* El protagonismo de los textos no es, sin embargo, exclusivo. La posición central de la sala la ocupa simbólicamente la taza de porcelana del rótulo del desaparecido restaurante Grand's.

Exhibition of the work of VSBA

Institute of Contemporary Art, University
of Pennsylvania, Philadelphia, 1993.

The design of this exhibit attempts to deal with some of the difficulties inherent in architectural exhibition. Architectural exhibitions by their nature deal with secondary sources —drawings, photos, models. While these elements might be artful in themselves, they are not what architecture is all about —which is three-dimensional buildings involving space, structure and symbolism.
In the design of this exhibition the architects employed three traditional elements: original sketches, photography (via large slide projections), and models —and added a fourth, that is graphics, to describe an architecture of ideas in words. This use of big and small-scale vinyl graphics was both decorative and content-driven and allowed them to deal explicitly with content, discussion, and intellectual and architectural oppositions.
The models and drawings give a small-scale visual counterpoint to the graphics and the large-scale slide projections.
At the basis of all of VSBA's work there is a profound reflection on language and its signifying potential. Their architecture is resolved in the precise adaptation between thought and action, between form and content, as the only effective instruments with which to represent the complexity of the physical reality around us. Text, sign and symbol thus become the constituent materials of the work. This exhibition, devoted to the architects' own work, reflects this conviction: *"When my ideas about construction extend beyond my opportunities for building I put my ideas into words rather than bricks and mortar"*. At the same time, however, the role of the texts is not exclusive. The centre of the exhibition space is symbolically occupied by the large porcelain cup from the sign of the since-demolished Grand's Restaurant.

Venturi, Scott Brown & Associates, fachada del restaurante Grand's, 1961.
Venturi, Scott Brown & Associates, exposición *Learning from Levittown*, 1976.

Venturi, Scott Brown & Associates, frontage of Grand's Restaurant, 1961.
Venturi, Scott Brown & Associates, *Learning from Levittown* exhibition, 1976.

OPPOSITION AND POS...
PROACHES
Deriving from Response and in...
in Some Barely Detectable C...
...ass culture to... VS high e...
...to real problems VS sub...
...d is in the detail...

...forms
...road ARE AR...
...uresque hype
...pure and simple
...decoration and abstraction
...ture and scenery for acting

	theory as substitute	representation	VS	
...ecture	for architecture	variety deriving	VS	
...om symbols	expression from form	from experience		
...d ambiguity	VS unity and clarity	contextual accommodation	VS	
...realist complexity	minimalist simplicity	frozen music		
...ay vitality	goody-goody urbanism	"decorate construction"		
...art bound in the	VS hype generated by	the decorated shed	VS	
...limitations of order	exploitation of disorder			
...face ornamentation	VS sculptural articulation	producing	VS	
...decorated shelter	VS structural expressionism	diverse symbolism	VS	
...minor ugly	expressive	accommodating variety		
...architecture as the	order modulated			
	subject of theory	by circumstances		

...everyday sensibility
...Scarlatti and U2 VS Scarlatti

...nism

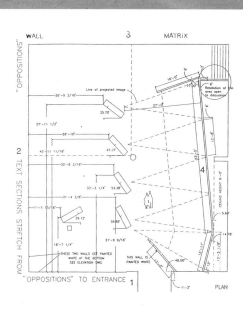

Stand para BTicino
Feria de Milán, Italia, 1993.

Pocos arquitectos han demostrado una capacidad semejante a la de Achille Castiglioni para trascender los objetivos de un proyecto expositivo comercial y convertirlo en un acontecimiento arquitectónico que produzca la emoción de una verdadera experiencia estética.

Desde sus primeros diseños en los años cincuenta, Castiglioni ha creado exposiciones de los más variados e insospechados contenidos: muestras de productos químicos, de innovaciones industriales y tecnológicas, pabellones para la televisión italiana, exposiciones de obras de arte, presentaciones de mobiliario y diseño, etc. Castiglioni sintetiza hábilmente, de cualquiera de estos contenidos, aquéllo que constituye la esencia de lo que puede ser comunicado colectivamente.

Así, cuando una empresa de componentes eléctricos le encarga el diseño de este *stand* en el que debían exponerse sus conocidos interruptores, Castiglioni aprovecha la ilimitada curiosidad y el afán de participación del público como material fundamental de la estrategia.

El acceso al recinto se produce a través de un recorrido oscuro que conduce a una gran sala cuadrada de 30 metros de lado. Seis filas de siete pilastras de madera laminada sostienen un techo escalonado hacia el centro de la sala. El punto de recepción, información y distribución de documentación ocupa el espacio central del ambiente. El resultado formal del proyecto recuerda, por analogía, el templo Telesterion, que debía acoger a la comunidad que formaba parte de la vida del culto.

Una iluminación perimetral de gran intensidad pone en evidencia las cuatro paredes que, en toda su altura, exponen los productos que pueden ser manipulados y comprobados en funcionamiento. Unos grandes gráficos con dibujos que ilustran los distintos productos expuestos permiten una lectura rápida del conjunto de forma que el visitante puede percibir rápidamente las novedades. El complejo dispositivo se pone en marcha cuando el público invade el espacio con su actividad y movimiento frenético.

Stand for BTicino
Milan Fair, Italy, 1993.

Not many architects have equalled Achille Castiglioni in his ability to transcend the objectives of a commercial exhibition project and transform it into an architectural achievement capable of generating the emotional response of an authentic aesthetic experience.

From his very first designs in the 50s, Castiglioni has created exhibitions with the most varied and unexpected content: displays of chemical products and industrial and technological innovations, pavilions for Italian television, art exhibitions, presentations of furniture and design, etc.

Whatever the content, Castiglioni skilfully synthesizes those elements that constitute the essence of what can be communicated collectively.

Thus when an electrical components company invited him to design a stand to exhibit their well-known switches, Castiglioni took advantage of the public's unlimited curiosity and desire for active participation as a fundamental element in his strategy.

Access to the exhibition space was by way of a darkened passage which led in to a large square hall measuring 30 x 30 m. Six rows of seven laminated wood pillars supported a ceiling that stepped up towards the centre of the hall. The reception, information and documentation distribution desk occupied the central point of the space. In formal terms the project calls to mind, by analogy, the Telesterion temple, which had to accommodate the community of believers involved in the celebration of the mystery.

The very intense perimeter lighting emphasized the four walls, which were covered from top to bottom with the exhibitor's products, which were there to be tested by the visitors. Large-format graphic displays illustrated the various different products on show, facilitating a rapid reading of the exhibition as a whole and highlighting the new models in the collection. The display mechanism was set in motion when the public invaded the space with its frenetic activity and movement.

Achille Castiglioni, *Antiparassitari per l'agricoltura*, Montecattini, 1955.
Achille Castiglioni, pabellón para la RAI, 1965.
Achille Castiglioni, *Chimica, un domani più sicuro*, 1967.

Achille Castiglioni, *Antiparassitari per l'agricoltura*, Montecattini, 1955.
Achille Castiglioni, Pavilion for the RAI, 1965.
Achille Castiglioni, *Chimica, un domani più sicuro*, 1967.

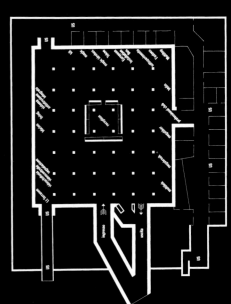

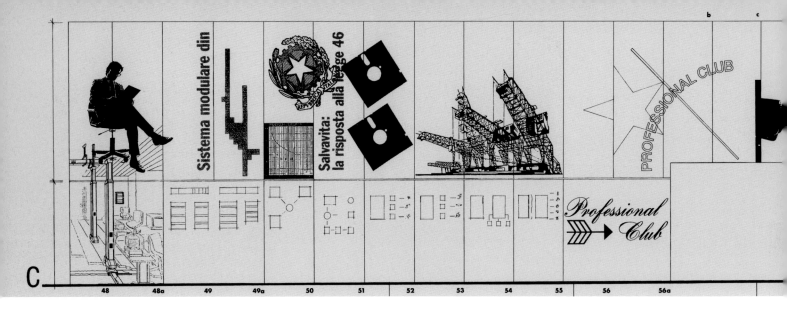

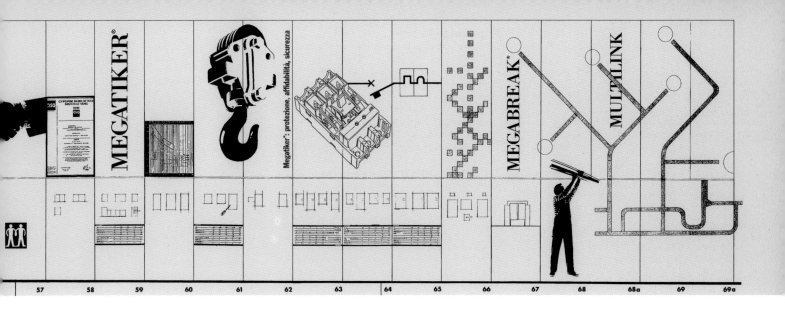

| 57 | 58 | 59 | 60 | 61 | 62 | 63 | 64 | 65 | 66 | 67 | 68 | 68a | 69 | 69a |

Exposición *La Mesure*
Cité des Sciences et de l'Industrie, París, 1995.

Para esta exposición sobre la medida como instrumento de conocimiento, Jean Nouvel ha construido un cubo cuyas fachadas son el soporte de todo tipo de aparatos de medición. Unos rayos láser impactan en el entorno buscando y proyectando información, sensores de todo tipo computan el número de visitantes de la exposición, analizan la composición del aire y miden la temperatura. La piel del edificio registra también todas las medidas propias de la construcción: numeración de elementos prefabricados, alturas y distancias, etc.

Si bien toda la arquitectura de Jean Nouvel establece de forma automática o pasiva vínculos interactivos similares con el entorno, en esta exposición debían hacerse explícitas las condiciones que hacen posible el conocimiento como un proceso de participación activa.

Estas condiciones no son otras que la libertad de elección y el deseo como catalizador del conocimiento. La libertad de elección se resuelve mediante la estructuración del espacio en base a retículas cartesianas de espacios esbozados en altura, por los que el visitante se mueve sin seguir un orden predeterminado. Cada visitante construye libremente su propio recorrido movido por la sugestión provocada por las imágenes que ilustran los conceptos desarrollados en cada espacio.

La exposición está estructurada en tres niveles superpuestos en una referencia a las trilogías iniciáticas clásicas. En el primer nivel se presentan los distintos sistemas de medida. El segundo nivel se presenta como un itinerario a través de la medida del ser humano. El tercer nivel aborda los límites de la medida, lo que hoy en día constituye el umbral de conocimiento.

Exhibition *La Mesure*
Cité des Sciences et de l'Industrie, Paris, 1995.

For this exhibition devoted to measurement as an instrument of knowledge, Jean Nouvel constructed a cube whose facades were the support for all kinds of measuring apparatus. A set of lasers made a high-tech impact on the environment, collecting and projecting information, while various different types of sensors monitored the number of people visiting the exhibition, analysed the composition of the air and measured the temperature. The skin of the building also registered all of the data relating to the construction itself: the number of prefabricated elements, heights and distances, etc.

While all of Jean Nouvel's architecture establishes similar automatic or passive interactive links with its surroundings, this exhibition was explicitly concerned with identifying the conditions which make knowledge possible as a process of active participation. These conditions are none other than freedom of choice and curiosity —the desire to find out— as a stimulus to knowledge. Freedom of choice was expressed here in the structuring of the space on the basis of Cartesian grids sketched out in plan, encouraging the visitors to move around at will without following a pre-established order. Each visitor was free to construct his or her own itinerary in response to the possibilities suggested by the images illustrating the concepts dealt with in each space. The exhibition was structured on three superimposed levels, in a reference to the trinities of Classical initiation. On the first level the different systems of measurement were presented. The second level was laid out as an itinerary structured around the dimensions of the human body. The third level was concerned with the limits of measurement and the threshold of our present knowledge.

Jean Nouvel, exposición
Égypte-Égypte, IMA.
Jean Nouvel, célula fotoeléctrica
del IMA, París, fachada.

Jean Nouvel, *Égypte-Égypte*
exhibition, IMA.
Jean Nouvel, IMA photo-electric
cell, Paris, facade.

mesure (Deuxième partie)
L'homme mes.

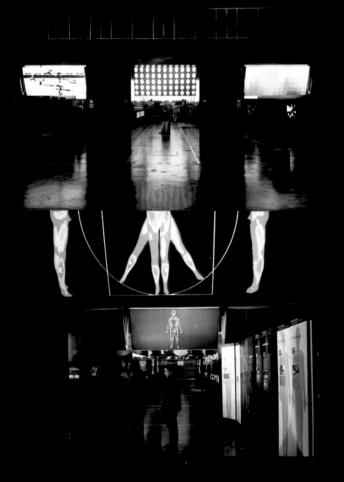
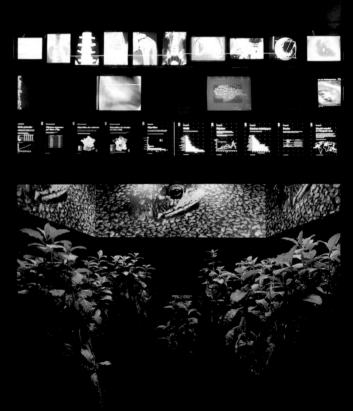

1.4 *De qualité en quantité*

Iñaki Abalos & Juan Herreros

Instalación para la III Bienal de Arquitectura Española
Universidad Pontificia, Comillas,
Cantabria, 1995.
Sala de Exposiciones del MOPTMA,
Madrid, 1996.

Exponer arquitectura plantea dos preguntas básicas: ¿qué es lo susceptible de ser comunicado? y ¿cómo hacer otra arquitectura que acepte como positiva su fugacidad, que obtenga de ella su sentido?
Resultaba atractivo disponer las 24 obras de la Bienal como un conjunto de conferenciantes autómatas capaces de construir, en su disposición, escala y variedad, otra experiencia espacial, que nos invita a pasear, mirar, oír, estudiar, elegir o tropezar con algún recinto más especializado. Frente a los sistemas tradicionales de exposición o los más hipertecnificados, el modelo inmediato de la charla o conferencia con diapositivas-luz y voces en una sala semioscura ofrece, sin duda, una transmisión más eficaz e intensa de la arquitectura.
Parecía embaucador lograr que ese espacio virtual fuese construido por el propio paseante al aproximarse a los autómatas, que el propio vagabundeo activase todos los dispositivos construyendo cada vez una experiencia visual y acústica diferente, propia e individual, implicando así sujeto y objetos.
Pero esta arquitectura de colores y sonido, construida con la ilusión de otras arquitecturas, necesita un soporte que le dé sentido y naturalidad. El pavimento ideado por Gerhard Richter ahorraba cualquier esfuerzo extra: de él podía surgir, con la misma identificación que tienen las arquitecturas tradicionales con su soporte natural, esta celebración de la fantasía construida a través de las fantasías de los demás. Esta alfombra mágica nos depositaría en cada lugar reaccionando siempre de forma diferente: en Comillas, jugando con el modernismo bizantino y jesuítico de Domènech i Montaner; en Madrid, contrastando con el sentido afirmativo de la arquitectura civil de Secundino Zuazo...

Installation for the III Spanish Architecture Biennial
Universidad Pontificia, Comillas,
Cantabria, 1995.
Exhibitions gallery of the MOPTMA,
Madrid, 1996.

The exhibiting of architecture poses two basic questions: what is capable of being communicated, and how to make another architecture that would accept its transience as positive, that would derive significance from it?
We were attracted by the idea of laying out the 24 works in the Biennial like a series of automaton lecturers, capable of constructing, on the basis of their relative position, scale and variety, another spatial experience, one that would invite us to walk around, look, hear, study, choose or stumble upon some more specialized space. As opposed to both traditional systems of exhibition and the most hypertechnical, the immediate model of the talk or lecture accompanied by slides —light and voices in a semi-darkened room— undoubtedly offered a more effective and intense way of transmitting the architecture.
It seemed like a nice idea that this virtual space should be constructed by the visitors themselves as they approached the automata, that the strolling around should activate all of the mechanisms, constructing on each occasion a different and individual visual and acoustic experience, in this way involving both subject and objects.
But this architecture of colours and sounds, constructed with the illusion of other architectures, needed a support that would give it meaning and naturalness. The paving devised by Gerhard Richter spared us any extra effort: it was the basis from which emerged, with the same identification that traditional architectures have with their natural support, this celebration of fantasy constructed out of the fantasies of others.
This magic carpet would put us down in each place, reacting always in a different way: in Comillas, playing with the Byzantine and Jesuitical modernisme of Domènech i Montaner; in Madrid, contrasting with the affirmative sense of the civil architecture of Secundino Zuazo...

Comillas, agosto 1996.

Comillas, August 1996.

Madrid, enero 1997.

Madrid, January 1997.

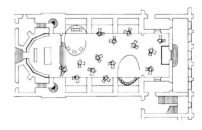

Exposición itinerante *Tourisms:*
SuitCase Studies
Walker Art Center, Minneápolis, 1991-1998.

SuitCase Studies *es una exposición itinerante.*
La movilidad de la exposición funciona en paralelo
con su tema: el viaje. La exposición viaja en
50 maletas idénticas Samsonite. Además de
transportar los contenidos de la exposición, las
maletas sirven como vitrinas para la exhibición de
sus contenidos. Cada maleta contiene el estudio
de una atracción turística de cada uno de los
50 estados americanos.
Cada estudio empieza con la mínima
representación de su escena: la postal. La postal
es un artefacto complejo en el cual la imagen y el
texto son reversibles. Las 50 postales están
suspendidas del borde de las maletas a la altura
de los ojos, de forma que las dos caras de las
postales no se puedan ver. Las caras de las
postales son reveladas de manera virtual, por
medio de espejos, con el alineamiento de las
cubiertas superiores e inferiores de las maletas
abiertas. Los espejos articulan visualmente los dos
planos de la postal, texto por un lado e imagen
por la otra. El relato personal del turista, reflejado
arriba, flota sobre un texto oficial "adaptado"
para la escena. La imagen postal, reflejada abajo,
flota delante de un sistema de mapas, dibujos
y maquetas.
Algunos de los conceptos desarrollados en esta
exposición tienen su origen en una interpretación
sobre la vigencia y el potencial escénico de la obra
de Marcel Duchamp. Esta relación se remonta a
1987, cuando Diller & Scofidio presentaron *The*
Rotary Notary and his hot Plate, una obra teatral
inspirada en *El Gran Vidrio* de Duchamp. El trabajo
de los arquitectos comparte con Duchamp un
mismo interés por trascender disciplinas artísticas,
por la perversión del punto de vista del espectador
mediante prótesis y dispositivos ópticos, por la
anulación de la certidumbre que separa conceptos
contrarios y por la exploración de los límites entre
realidad y representación. La maleta Samsonite
puede entenderse como la reedición actualizada
de la maleta que Duchamp concibió cómo
emblema de la unidad mínima de arquitectura
expositiva o museo transportable.

Travelling exhibition *Tourisms:*
SuitCase Studies
Walker Art Center, Minneapolis, 1991-1998.

SuitCase Studies *was a travelling exhibition.*
The mobility of the exhibition functioned in
parallel with the theme: travel. The exhibition
went out on the road in a set of 50 identical
Samsonite suitcases. In addition to
transporting the contents of the exhibition,
the suitcases also served as display cases
for exhibiting their contents. Each suitcase
contained a study of a tourist attraction in
each of the 50 states of the USA.
Each study commenced with a minimal
representation of its scene: a postcard. These
postcards were complex artefacts in which the
image and the text were reversible. The fifty
postcards were attached to the edges of the
suitcases at eye level, in such a way that the
two faces of the postcards could not actually
be seen. The fronts of the postcards were
revealed virtually, by means of mirrors, aligned
with the tops and bottoms of the open
suitcases. The mirrors visually articulated the
two faces of the postcard, text on one side and
image on the other. The personal account of
the tourist, reflected above, floated on top of
an official text "adapted" for the scene. The
postcard image, reflected below, floated under
a system of hand-drawn maps and models.
A number of the concepts developed in this
exhibition have their origins in an interpretation
of the currency and the staging potential of the
work of Marcel Duchamp. This association
goes back to 1987, when Diller & Scofidio
presented *The Rotary Notary and his hot Plate*,
a theatrical work inspired by Duchamp's *The*
Large Glass. The work of the two architects
has in common with Duchamp an interest in
the transcending of artistic disciplines, in the
perverting of the spectator's point of view by
means of prostheses and optical mechanisms,
the identification of opposites and the
exploration of the boundaries between reality
and representation. The Samsonite suitcase
can be interpreted as an updated version of
the suitcase which Duchamp conceived as
the emblem of the minimum unit of exhibition
architecture or the transportable museum.

Marcel Duchamp, *Boîte en valise*,
foto 1942.
Diller & Scofidio, *The Rotary Notary*
and his hot Plate, 1987.

Marcel Duchamp, *Boîte en valise*,
photo 1942.
**Diller & Scofidio, *The Rotary*
Notary and his hot Plate, 1987.**

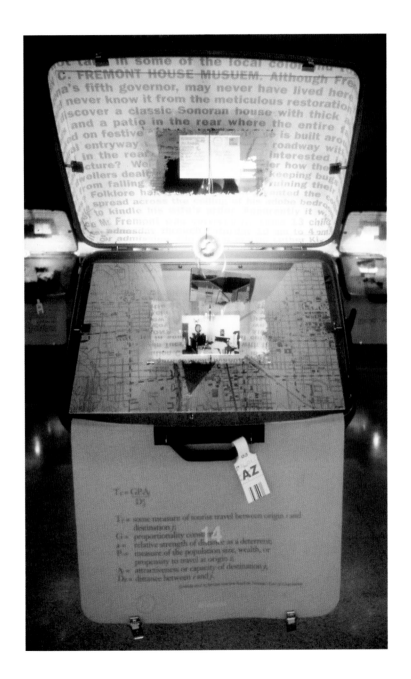

Exposición *Jujol, arquitecto*
COAC Barcelona, 1989.
Sala de exposiciones del MOPTMA,
Madrid, 1989.
Centre Georges Pompidou, París, 1990.

El profundo conocimiento y afinidad entre Llinás
y la obra de Jujol dan como resultado una
exposición íntima y sobrecogedora en que la
atmósfera y la sensibilidad de la obra del maestro
pueden respirarse sin tropezar con los
impedimentos habituales de una exposición
museográfica. Llinás nos hace ver que *"igual
importancia que la arquitectura tienen multitud
de objetos (muebles, lámparas, sagrarios, pilas
bautismales, pavimentos, rejas, puertas, etc.) y
que, en realidad, no parece tener mucho sentido
clasificar la obra en categorías convencionales.
De ahí que ni la cronología, ni los géneros, ni el
emplazamiento constituyan los hilos conductores
de la muestra. Se ha buscado para cada una de
sus obras el recinto adecuado y después todo ello
se ha sumado, manteniendo la independencia de
los recintos, hilvanados por un recorrido laberíntico
que obliga a detenciones y pasos atrás"*. Llinás
ha construido la exposición como un dispositivo
de conocimiento que busca establecer entre el
visitante y la obra una relación de proximidad casi
voluptuosa, sólo posible en una escala de lo
doméstico, reproduciendo los complejos y
sincopados mecanismos motrices de la obra
de Jujol.
Los recintos están construidos con madera
contrachapada en la que todavía se aprecian los
garabatos y señales del carpintero. Las puertas
convencionales que separan un espacio del otro
se abren y se cierran incesantemente. La pintura
de color rojo, azul o blanco rebosa chorreante
más allá de su contorno previsible. Todo un
mundo, más cerca del *bricolage* frenético o de
la sensibilidad dadaísta, en el que se busca la
redención personal a través de la transformación
incesante de la materia.

Exhibition *Jujol, arquitecto*
COAC, Barcelona, 1989.
Exhibitions gallery of the MOPTMA,
Madrid, 1989.
Centre Georges Pompidou, Paris, 1990.

Llinás' profound understanding of and affinity
with the work of Jujol resulted in an intimate
and welcoming exhibition in which the overall
atmosphere and the particular sensibility of the
work of the master of *Modernisme* could be
appreciated without any of the impediments
so often associated with a museum exhibition.
Llinás' design allowed the spectator to see that
*"a whole multitude of objects (furniture, lamps,
sacrariums, baptismal fonts, paving, grilles,
doors, etc.) are just as important as the
architecture, and in fact it is not very helpful
to classify the work in conventional categories.
Thus neither chronology, nor typologies, nor
location constituted the narrative thread of the
show. The aim instead was to provide each of
the works with an appropriate setting and only
then to draw everything together, maintaining
the independence of the individual spaces and
weaving together a labyrinthine itinerary which
obliges the spectator to pause and to go back"*.
Llinás constructed the exhibition as a mechanism
of understanding which set out to establish an
almost voluptuous relationship of proximity
between the visitor and the work that is only
possible on the domestic scale, reproducing
the complex, syncopated mechanisms that
are the driving forces in Jujol's work.
The exhibition spaces were constructed from
plywood boards on which the carpenter's pencil
marks were left clearly visible. The conventional
doors separating each space from the others
were constantly opening and closing, and the
paintwork —in red, blue and white— was
splashed beyond its supposed guidelines in
a world reminiscent of some kind of frenetic
do-it-yourself or a dadaist sensibility, in which
the path to personal redemption is found in
the incessant transformation of matter.

Pepe Llinás. Gallinero en la
exposición *Jujol, arquitecto*.

**Pepe Llinás. Henhouse in the
exhibition *Jujol, arquitecto*.**

Kurt Schwitters,
Merzbau hacia 1930.

**Kurt Schwitters,
Merzbau c. 1930.**

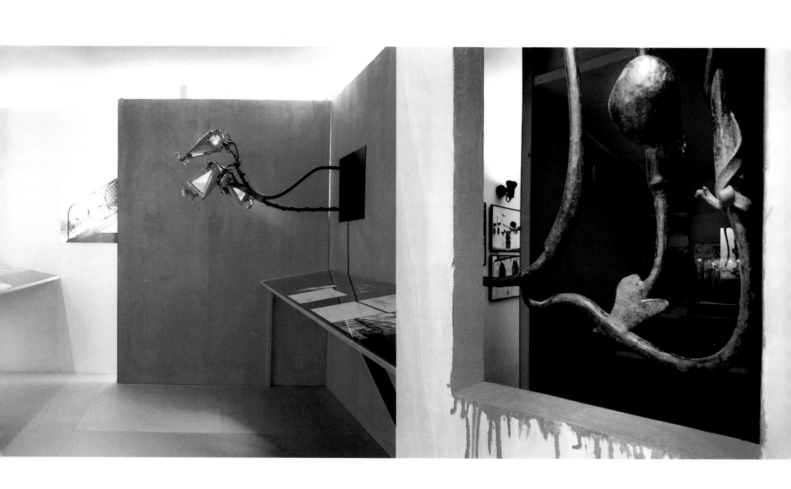

De l'espai no te'n refiïs mai (II) (Del espacio no te fíes nunca)
Instalación del Estudio Enric Miralles Benedetta Tagliabue en colaboración con la Calderería Delgado.
Colaboradores: Fabián Asunción, Stefan Eckert, George Mahnke y Tobi aus der Beek.
Galería Antonio de Barnola, Barcelona, 1996.

No está mal dudar de esta palabra *espai* que nos sería difícil definir...
Definir en relación al construir...
Hay un conocimiento técnico de las reglas de montaje...
El arriba, lo que está abajo, a izquierda...
como encajan...
al final terminamos dándole vueltas a las cosas y estas encuentran su lugar.
Sin embargo, los lugares construidos
—o imaginados— entran en el recuerdo...
Parecen haber estado ahí... Quizás esa será una de las cualidades de lo que llamamos "espacio"...
Parece estar mezclado con el recuerdo.
Es algo vago, subjetivo...
Esta habitación muestra esta asociación...
Algunos fragmentos, fragmentos reales de distintos momentos de distintos proyectos.
Su tamaño es real...
Siempre las cosas tienen las dimensiones que tienen...
En el recuerdo las dimensiones son las que son...
Mezcladas con las dimensiones de nuestro cuerpo...
Este es el modo de habitar esta habitación que nos ha ofrecido Antonio de Barnola.

Techo (Cubiertas del Passeig d'Icària, Villa Olímpica, Barcelona, 1989-1992).
Paisaje (Maquetas de los proyectos tiro con arco (Vall d'Hebrón, Barcelona), palacio de deportes de Alicante, palacio de deportes de Huesca y escuela en Morella).
Mesita de noche (Maqueta del Teatro Real de Copenhague, 1996).
Armario (Maqueta del parque del Área del Retiro, Buenos Aires, 1996).
Chimenea (Maqueta de las cubiertas del Passeig d'Icària, Villa Olímpica, Barcelona, 1989-1992).
Sillón (Maqueta de la fábrica de vidrio Seele, Alemania, 1994).
Mesa (Maqueta del aulario de Valencia, 1991).
Butaca (Maqueta de la torre de control del aeropuerto de Alicante, 1993).
Jardín (Estructura de los pilares de las cubiertas del Passeig d'Icària, Villa Olímpica, Barcelona, 1989-1992).
Paisaje (Maqueta del pabellón de meditación de Unazuki, Japón, 1991).

De l'espai no te'n refiïs mai (II) (Never trust space)
Installation by the Estudi Enric Miralles Benedetta Tabliabue in collaboration with the Calderería Delgado boilermakers.
Collaborators: Fabián Asunción, Stefan Eckert, George Mahnke and Tobi aus der Beek.
Galeria Antonio de Barnola, Barcelona, 1996.

It is no bad thing to doubt this word 'space' which we would find it hard to define...
To define in relation to constructing...
There is a technical knowledge of the rules of assembly...
The above, what is below, on the left...
how they fit together...
we end up at last turning things round and they find their place.
Nevertheless, constructed —or imagined— places enter the memory...
They seem to have been there... Perhaps this is one of the qualities of what we call 'space'...
It seems to be mixed with memory.
It is something vague, subjective...
This room shows this association...
A few fragments, real fragments of different moments of different projects.
Their size is real...
Things always have the dimensions they have...
In memory the dimensions are those they are...
Mixed with the dimensions of our body...
This is the way of inhabiting this room offered us by Antonio de Barnola.

Roof (Roofs of the Passeig d'Icària, Villa Olímpica, Barcelona, 1989-1992).
Landscape (Models of the Archery field, Vall d'Hebron, Barcelona, the sports pavilion in Alicante, the sports pavilion in Huesca, and the school in Morella).
Bedside table (Model of the Passeig d'Icària roofs, Villa Olímpica, Barcelona, 1989-1992).
Bed (Model of the Royal Theatre in Copenhaguen, 1996).
Wardrobe (Model of the Area del Retiro park, Buenos Aires, 1996).
Chimney (Model of the Passeig d'Icària roofs, Villa Olímpica, Barcelona, 1989-1992).
Chair (Model of the Seele glass factory, Germany, 1994).
Table (Model of the lecture building in Valencia, 1991).
Armchair (Model of the control tower at Alicante airport, 1993).
Garden (Structure of the Passeig d'Icària roof pillars, Villa Olímpica, Barcelona, 1989-1992).
Landscape (Model of the Unazuki meditation pavilion, Japan, 1991).

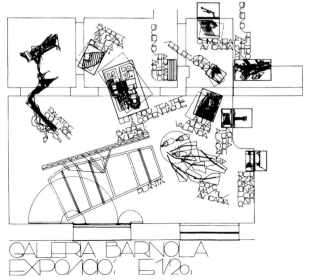

GALERIA BARNOLA
EXPO/100 E1/20

Instalación *Dreams* en la exposición
Visions of Japan
Victoria & Albert Museum, Londres, 1991.

Dreams es una instalación concebida por Toyo Ito
para la exposición *Visions of Japan*, organizada en
el Victoria & Albert Museum de Londres.
La instalación trata de visualizar en forma de nube
o niebla las partículas de información emitidas por
varios medios audiovisuales en el aire de la
ciudad. Para ello se han utilizado las cualidades de
una piel de cristal líquido que construye a escala
real el escenario de la instalación. El espacio está
físicamente definido por un forjado flotante
pavimentado con paneles acrílicos, un muro
ondulante de 5 metros de altura del mismo
material y unos cerramientos laterales con muros
de aluminio y materiales textiles.
La forma del espacio es, sin embargo, mutable y
dinámica como la ciudad real que representa. La
coreografía aleatoria de imágenes proyectadas por
44 aparatos audiovisuales puede ser controlada
electrónicamente por la propia presencia del
espectador que puede intercambiar información
con los terminales conectados a la ciudad de
Tokio. El bombardeo de imágenes se atenúa
periódicamente al incrementar la intensidad de
la luz fluorescente que retroilumina los paneles
acrílicos. El espacio se transforma en un océano
de luz blanca. Al poner en evidencia la simulación,
el espectador se ve inmerso en una reflexión
sobre la capacidad de interacción con el medio
urbano, y simboliza la aspiración de un futuro
en el que el hombre, ayudado por los avances
tecnológicos, vuelve a controlar y a
responsabilizarse de los procesos que definen
su entorno construido.

Installation *Dreams* in the exhibition
Visions of Japan
Victoria & Albert Museum, London, 1991.

Dreams was an installation conceived by Toyo
Ito for the exhibition *Visions of Japan*, in the
Victoria & Albert Museum in London.
The installation set out to make visible,
in the form of a cloud or fog, the particles of
information beamed through the air of the city
by the various audio-visual media. For this
purpose Ito utilized the qualities of a skin of
liquid glass, which constructed on a 1:1 scale
the setting of the installation. The space was
physically defined by a floating floor paved
with acrylic panels, an undulating wall of
the same material 5 metres high, and lateral
partitions of aluminium and textiles.
The form of the space was, nevertheless,
as mutable and dynamic as the real city it
represents. The random choreography of the
images projected by 44 audio-visual systems
could be electronically modified by the
presence of the spectators, who were able to
exchange information with Tokyo by way of the
linked terminals in the two cities. The barrage
of images was periodically attenuated by
increasing the intensity of the fluorescent tubes
used to backlight the acrylic panels, the space
being thus transformed into an ocean of white
light. By making the simulation clearly
apparent, Ito immersed the spectator in
a process of reflection on the potential
for interaction with the urban environment,
symbolizing the hopes for a future in which
we human beings, with the help of advances
in technology, would once again exercise
responsibility for and control over the forces
which define our built environment.

Fritz Lang, *Metropolis*, 1929.
Ridley Scott, *Blade Runner*.
Toyo Ito, *Torre de los vientos*,
Yokohama, 1986.

Fritz Lang, *Metropolis*, 1929.
Ridley Scott, *Blade Runner*.
Toyo Ito, *Wind Tower*,
Yokohama, 1986.

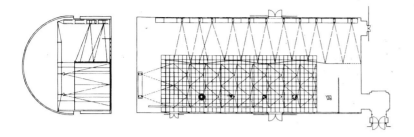

Exposición *El Dublín de James Joyce*
Centre de Cultura Contemporània
de Barcelona, 1995.

El Dublín de James Joyce es la primera de una
serie de exposiciones organizadas por el Centro
de Cultura Contemporánea de Barcelona en las
que se aborda la relación entre una ciudad y un
escritor.
No se trata ni de una exposición biográfica, ni de
una exposición sobre la arquitectura urbana
de Dublín.
El *Dublín de James Joyce* es, con toda la
complejidad que ello comporta, la construcción
de una verdadera ciudad levantada con elementos
reales e imaginarios que puede ser vivida,
recorrida e interpretada utilizando como clave la
cartografía literaria de Joyce. El recorrido se ha
concebido como una progresión temporal y
topológica coherente, de manera que la ciudad
también puede descifrarse en un nivel de
percepción sensible. En este sentido juegan un
papel fundamental el tratamiento visual acústico
y olfativo de los espacios.
Para imaginar esta ciudad, Daniel Freixes recurre
a un repertorio escenográfico que oscila entre la
figuración hiperrealista y la abstracción conceptual.
El tratamiento virtual de imagenes reales o
manipuladas que se reflejan sobre espejos se
alterna con reproducciones miméticas de
ambientes de la época para provocar contrastes
emocionales y dramáticos. Dublín está presente
en forma de silueta nocturna y lejana, en fachadas
tenuemente iluminadas, en la luz del alba o en el
esplendor del mediodía. También en las luces de
la vida nocturna, en una maqueta análogica de la
ciudad, construida únicamente con libros, en
imágenes proyectadas o reproducidas sobre
papel, vistas siempre a través de puertas y
ventanas entreabiertas.

Exhibition *El Dublín de James Joyce*
Centre de Cultura Contemporània
de Barcelona, 1995.

El Dublín de James Joyce was the first of a series
of exhibitions organized by the Centre de Cultura
Contemporània de Barcelona which addressed
the relationship between a city and a writer.
This was neither a biographical exhibition nor an
exhibition devoted to Dublin's urban architecture.
El Dublín de James Joyce took the form of a
real city —with all of the complexity which that
entailed— constructed out of real and
imaginary elements that could be experienced,
explored and interpreted using James Joyce's
literary cartography as a guide. The itinerary
was conceived as a coherent temporal and
topological progression, in such a way that
the city could also be engaged with on the
level of sensory perception; in this respect
a fundamental role was played by the visual,
acoustic and olfactive treatment of the
exhibition spaces.
In seeking to imagine this city, Daniel Freixes
resorted to a repertoire of sets which oscillated
between hyperrealist figuration and conceptual
abstraction. The virtual treatment of the real
or manipulated images which were reflected
in mirrors alternated with faithful reproductions
of period interiors in order to create powerful
emotional and dramatic contrasts. Dublin was
present in the form of a distant nocturnal
silhouette, in faintly illuminated facades, in
the pale light of the dawn or the brightness
of midday, and also in the lights of nighttown's
night-life, in an analogous model of the city
constructed entirely out of books, in images
projected onto walls or printed on paper, views
always glimpsed though half-open doors or
windows.

Maquetas para la exposición
El Dublín de James Joyce.

Models for the exhibition
El Dublín de James Joyce.

all the time,

nor avoice from afire

bellowsed

mishe to tauftauf

thuartpeatick: not yet,

Diez postales para Lisboa
Iluminación nocturna para las fiestas
de Lisboa, 1996.

*Este proyecto representa una nueva manera de
enfocar la iluminación de las fiestas de Lisboa. La
propuesta tiene la voluntad de ir más allá de lo
que podría definirse como decoración con luz, a
partir de aspectos de escala, con visiones lejanas
(desde la otra orilla del río, al llegar por el puente,
desde los miradores), perspectivas próximas
(desde plazas y calles) y recorridos por la ciudad.
La primera parte de la propuesta se basa en la
escala del paisaje, a través de la iluminación de los
edificios representativos que forman parte del perfil
de la ciudad. Consiste en iluminar espacios y
edificios con luces de colores similares. Así, el
castillo, la catedral, el panteón, la plaza del
Comercio y los edificios ahora reconstruidos del
Chiado se tiñen durante las noches del mes de
junio de colores insólitos que les confieren un
aspecto totalmente diferente del resto del año.
Algunos de estos edificios y espacios ya están
iluminados y sólo es preciso modificar el color
de la luz. Los otros pueden conservar la nueva
iluminación ya que también forman parte del
imaginario colectivo de la ciudad.
La segunda parte de la propuesta se basa en
una reinterpretación de la iluminación tradicional
de la calle.
Unos elementos tipográficos construidos con
bombillas señalan los lugares donde suceden
cosas en el período de fiestas: unas flechas guían
a la gente por los recorridos principales de la
celebración, los puntos suspensivos indican los
locales en los que se programan espectáculos,
etc. Un universo de signos interrogantes, de
exclamación, paréntesis, puntos y flechas
constituyen una nueva iconografía que reclama
nuestra complicidad para alterar, aunque sea por
un breve período de tiempo, nuestra percepción
acomodada del espacio público.
Lisboa, durante las fiestas, es otra ciudad, y con
este proyecto de iluminación se ha procurado
sublimar ese carácter extraordinario.*

Diez postales para Lisboa
Nocturnal illumination for the Lisbon
festivities, 1996.

*This project represented a new approach to
the illumination of the Lisbon festivities. The
scheme was conceived with the idea of going
beyond what might be described as decoration
with light, on the basis of considerations of
scale, with distant views (from the other side of
the river, on arriving by way of the bridge, from
the observation points), perspectives at close
range (from streets and squares) and routes
around the city.
The first part of the proposal was based on the
scale of the landscape, with the illumination
of the representative buildings which configure
the skyline of the city. This consisted of
illuminating spaces and buildings with lights
of similar colours. Accordingly the Castle,
the Cathedral, the Panteão, the Praça del
Comércio and the recently reconstructed
buildings of the Chiado were bathed at night
during the month of June in surprising colours,
giving them an appearance totally different
from the way they looked throughout the rest
of the year. A number of these buildings and
spaces were already illuminated, so that it was
only necessary to change the colour of the
light, while the others have retained the new
illumination since they also have a place in the
city's collective imaginary.
The second part of the scheme is based on a
reinterpretation of the traditional street lighting.
Typographical elements constructed from light-
bulbs signal the places where events are put on
during the period of the festivities: arrows guide
people around the main itineraries of the
celebrations, while the... signs identify venues
hosting concerts, shows, etc. A universe of
punctuation marks —question marks,
exclamation marks, parentheses, full stops and
arrows constitute a new iconography which
asks for our cooperation to alter, even if only
for a short time, our habitual perception of the
public space.
Lisbon is, for the duration of the festivities, a
different city, and this lighting project sets out
to sublimate this extraordinary character.*

Iluminación festiva.

Festive illumination.

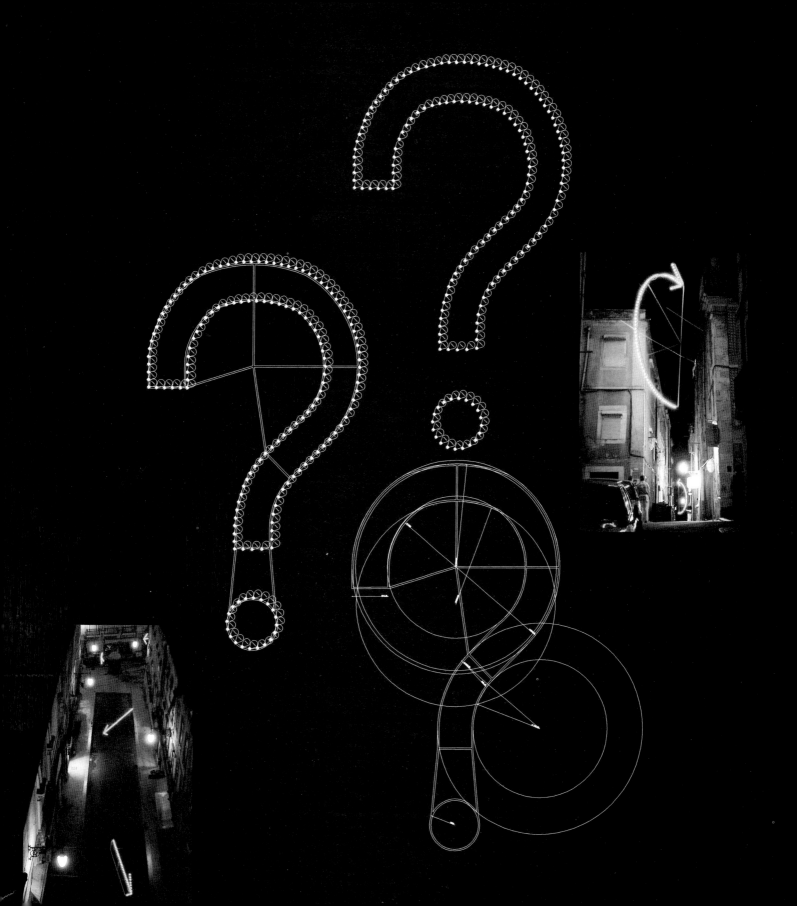

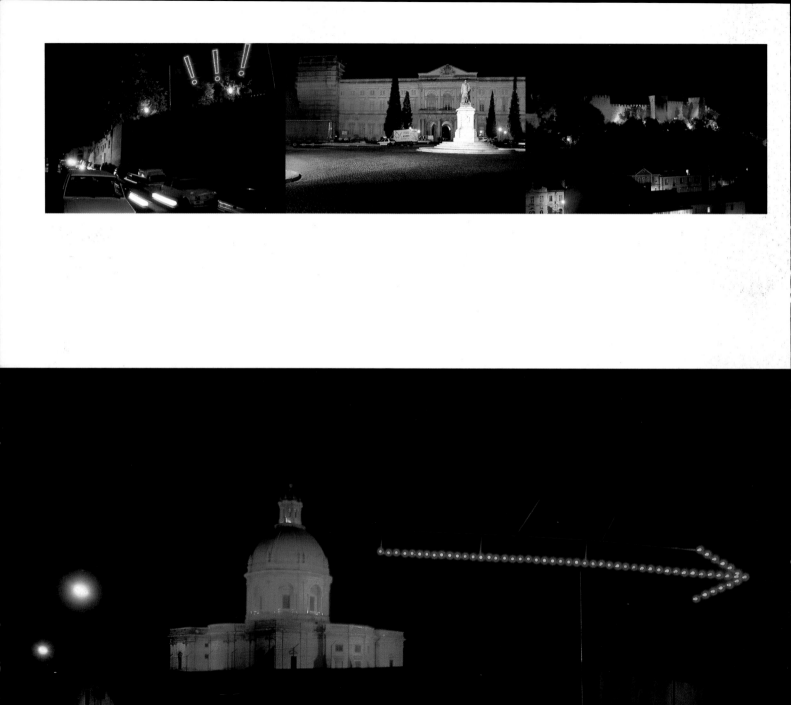

Instalación *Barcinoausanemausus*
Templo Romano de Vic, 1992.

El engalanado del templo romano de Vic formaba parte del proyecto Barcinoausanemausus, *que pretendía conectar simultáneamente los templos romanos de Barcelona, Vic y Nîmes mediante la utilización de tecnologías actuales y asequibles, como el fax y la telemática, redescubriendo, revalorizando y celebrando un patrimonio común [...].*
La actuación proponía la transmisión de "tapices de fax" de un templo a otros, en todas las direcciones y sentidos, de manera simultánea, mediante conjuntos de aparatos emisores y receptores. Estos tapices o guirnaldas en el interior y exterior de los templos podrían constituir una ornamentación efímera [...] o engalanamiento análogos a la propia de estas construcciones en las grandes celebraciones [...].
La proyección de imágenes, colores y ornamento sobre los muros y columnas del templo permitiría la recuperación (bien sea por restitución o invención) de un estado de ornamentación polícroma de las construcciones, tal como era propio de su estado primitivo.

Installation *Barcinoausanemausus*
The Roman temple in Vic, 1992.

The decking out of the Roman Temple in Vic was part of the Barcinoausanemausus *project, the aim of which was to connect simultaneously the Roman temples of Barcelona, Vic and Nîmes by means of readily available present-day technologies such as fax and computers, rediscovering, reappraising and celebrating a common heritage [...].*
The intervention proposed the transmission of "fax tapestries" from one temple to another, in all directions, simultaneously linking the three sites by way of transmitters and receivers. These tapestries or garlands in the interior and on the exterior of the temples would thus constitute an ephemeral ornamentation [...] or embellishment analogous to the way these constructions would have been decked out for important celebrations [...].
The projection of images, colours and ornamentation onto the walls and columns of the temples would thus permit the recuperation (either by restitution or invention) of the original polychrome decoration which the buildings would have had in their prime.

Giovanni Batista Piranesi,
Columna Antonina.

Giovanni Batista Piranesi,
Antonine Column.

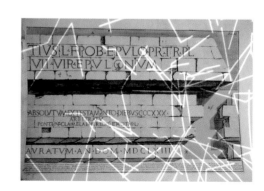

Hogar dulce Hogar
Plaça Nova, Barcelona, 1996.

Hogar dulce Hogar es una pequeña exposición enmarcada en las actividades del congreso de la UIA celebrado en Barcelona. La exposición explora críticamente una de las tipologías arquitectónicas más comunes en nuestra sociedad y, al mismo tiempo, una de las más olvidadas por parte de la crítica culta: la vivienda como unidad mínima de agregación urbana, la célula doméstica. Esta aparente contradicción se convierte en el hilo argumental de la muestra que se recorre a través de los distintos agentes que intervienen en el proceso socioeconómico: el promotor, el arquitecto, el diseñador, los medios de comunicación y el habitante; el final destinatario. El montaje de la exposición escenifica a escala urbana su propio contenido. Una serie de casetas prefabricadas de obra, la unidad mínima de espacio contenedor, se disponen en aparente desorden geométrico sobre la pétrea explanada que se extiende frente a la catedral de Barcelona. El intenso color naranja del conjunto se utiliza como soporte del título de la propia exposición trascendiendo su escala individual y doméstica y catalizando nuevos e inesperados mecanismos de relación con el paisaje monumental en el que se inscribe.

Home, sweet Home
Plaça Nova, Barcelona, 1996.

Home, sweet Home is a small exhibition organized as one of the activities marking the UIA congress in Barcelona. The exhibition took a critical look at an architectural typology that is at once one of the most frequently encountered in our society, and one of those given least consideration by the critics: housing as the minimum unit of urban aggregation, the domestic cell. This evidently contradictory situation provides the narrative thread of the show, linking the various agents involved in the socio-economic process: the developer, the architect, the designer, the communications media and the occupant —the end user. The montage of the exhibition set out its content on the urban scale. A series of small prefabricated 'houses' —the minimum unit of the containing space— were laid out in apparent geometrical disorder on the stone-flagged esplanade in front of Barcelona Cathedral. The striking orange colour of the group served as support for the title of the exhibition, transcending the individual domestic scale of the prefab units, and generating new and unexpected mechanisms of relation with the monumental setting in which it was inserted.

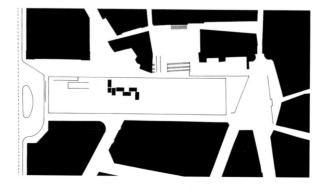

Pink Floyd *Division Bell* **World Tour, 1994.**
U2 *Popmart* **Tour, 1997.**
Rolling Stones *Bridges to Babylon*
World Tour, 1997-1998.

Las escenografías para conciertos multitudinarios de las grandes estrellas del pop y del rock en sus giras internacionales constituyen la expresión más verdadera y descarnada de lo que puede llegar a ser la arquitectura puesta al servicio de la sociedad de consumo.

Sustentadas únicamente por la exigencia de un público incondicional que espera ver satisfechas las expectativas creadas por promociones publicitarias colosales, el diseño de los espectáculos consiste en una coreografía en la que intervienen por igual los millones de vatios de luz, la amplificación máxima a la que pueden ser elevados los sonidos del grupo y algunas sorpresas dosificadas por el cálculo preciso de los beneficios.

Se trata de hiperestructuras con una capacidad proteica ilimitada. Están construidas con elementos estandarizados de alquiler, pueden montarse y desmontarse con igual facilidad y rapidez, almacenarse y transportarse en vehículos de gran tonelaje y son adaptables a cualquiera de los espacios y equipamientos culturales o deportivos que transforman. Constituyen una nueva tipología arquitectónica de escala urbanística que utiliza, con finalidad de entretenimiento, conceptos propios de la estrategia militar. Enlazan, obviamente, con las propuestas de ocupación del espacio y el territorio desarrolladas en los años sesenta y setenta por grupos como los británicos Archigram, afines a las corrientes artísticas del pop.

Desde sus primeros montajes para Pink Floyd, en los que los protagonistas indiscutibles del escenario fueron unos enormes muñecos hinchables, hasta la últimas giras para U2 y Rolling Stones, Mark Fisher ha sabido catalizar la enorme energía y el potencial expresivo que generan a su alrededor las grandes estrellas del espectáculo, reinterpretando tópicos y emblemas del imaginario de la cultura popular de masas.

Pink Floyd *Division Bell* **World Tour, 1994.**
U2 *Popmart* **Tour, 1997.**
Rolling Stones *Bridges to Babylon*
World Tour, 1997-1998.

The set designs for the major stadium concerts which make up the international tours of leading pop and rock stars can be regarded as the most authentic and unashamed expression of architecture in the service of the consumer society.

Resting exclusively on the demand of a public of devoted fans eager to satisfy the expectations generated by colossal promotion and publicity campaigns, the design of these shows constitutes an elaborate choreography which will incorporate millions of watts of lighting, the amplification of the group's sound to its maximum level and a certain number of surprise elements, carefully calculated in relation to the expected profits.

These are hyperstructures with an almost unlimited capacity for variation. Constructed on the basis of standarized rented components, they can be assembled and dismantled quickly and easily, stowed away and transported in container trucks, and adapted to fit any of the spaces (usually cultural or sports venues) they transform to put on the show. Such structures constitute, in effect, a new architectural typology on the urban scale, which utilizes concepts borrowed from military strategy for the purpose of entertaining large numbers of people. They have obvious links with the proposals for the occupation of the space and the territory developed during the 60s and 70s by design firms such as the British Archigram group, closely associated with developments in Pop art.

From his first montages for Pink Floyd —in which the indisputable focus of the stage show was the enormous inflatable figures— to his latest tour with U2, Mark Fisher has managed to catalyse the tremendous energy and the expressive potential that is generated around the stars of the show, skilfully reinterpreting the stock figures and emblems of the imaginary of mass popular culture.

Mark Fisher, *Pink Floyd's Animal Concert*.
Ron Herron, *Instant City*, 1969, 1970.

Mark Fisher, *Pink Floyd's Animal Concert*.
Ron Herron, *Instant City*, 1969, 1970.

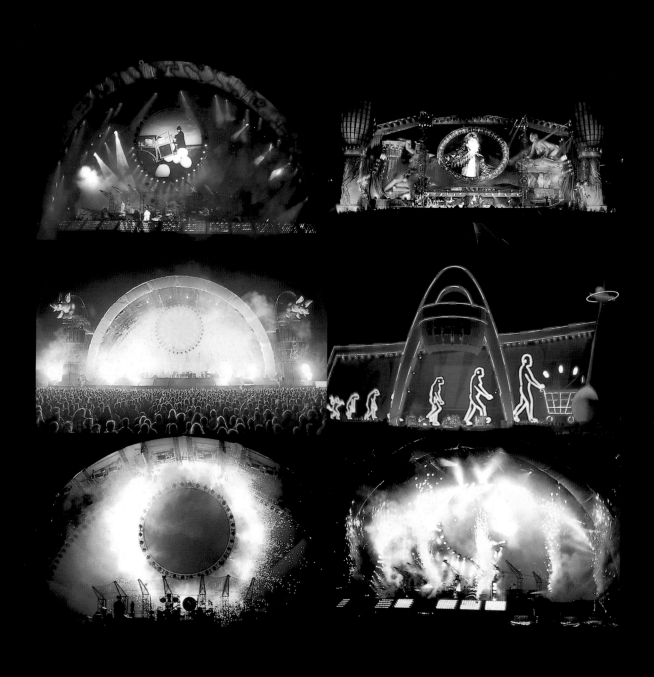

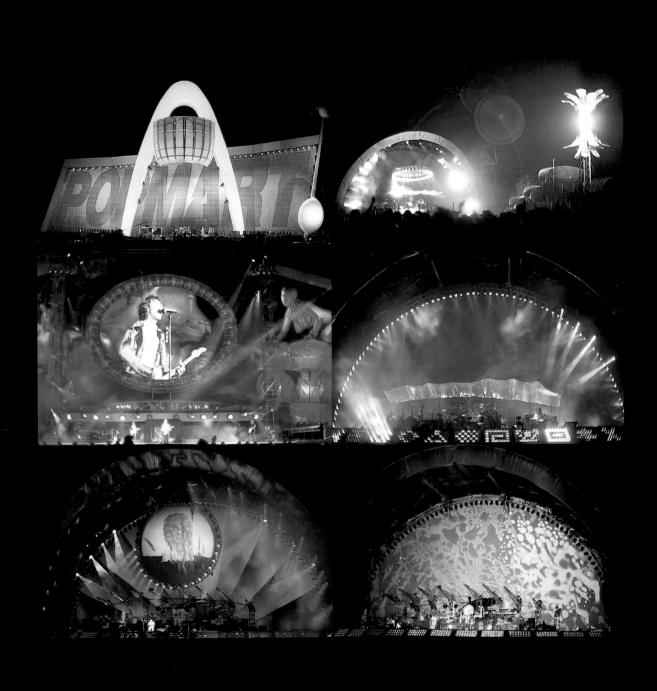

pp. 40-45 © Josef Svoboda/Alfredo Tabocchini
pp. 46-49 © Lars Gräbner/Studio Libeskind
pp. 50-55 © Michael Moran
p. 56 © Ian Dobbie
pp. 57-59 © Lennon and MacDonald
p. 60 © Hans Hammarskiöld/Philadelphia Museum of Art
pp. 61-65 © Ellen Labenski/David Heald/The Solomon R. Guggenheim Foundation, New York
p. 66 © Akademie der Künste
pp. 67-71 © J. Scott Smith/Tom Bonner/J. Stoel
pp. 73-77 © Paul Warchol
pp. 79-83 © Matt Wargo
pp. 85-89 © Fregoso & Basalto
p. 90 © Deidi von Schaewen/Jean-Pierre Delagarde
pp. 91-93 © Philippe Ruault
pp. 106-111 © CB Foto
p. 116 © Tomio Ohashi
pp. 117-119 © Naoya Hatakeyama
pp. 120-125 © Mihail Moldoveanu/Xavier Sansuan
pp. 126-129 © Societé française de photographie/Sérgio Mah/Lennon and MacDonald
pp. 131-133 © Ester Rovira
pp. 135-137 © Daniel Araño
pp. 138-141 © Mark Fisher